高绩效管理

4-D 系统项目实践与案例解析

林健　陈韵棋　编著

北京大学出版社
PEKING UNIVERSITY PRESS

图书在版编目（CIP）数据

高绩效管理：4-D系统项目实践与案例解析 / 林健，陈韵棋编著. —北京：北京大学出版社，2024.7
ISBN 978-7-301-35039-3

Ⅰ.①高… Ⅱ.①林… ②陈… Ⅲ.①企业绩效 – 企业管理 – 案例 Ⅳ.①F272.5
中国国家版本馆CIP数据核字(2024)第096176号

书　　　名	高绩效管理：4-D系统项目实践与案例解析
	GAO JIXIAO GUANLI: 4-D XITONG XIANGMU SHIJIAN YU ANLI JIEXI
著作责任者	林　健　陈韵棋　编著
责任编辑	滕柏文
标准书号	ISBN 978-7-301-35039-3
出版发行	北京大学出版社
地　　　址	北京市海淀区成府路205 号　100871
网　　　址	http://www.pup.cn　　新浪微博：@北京大学出版社
电子邮箱	编辑部 pup7@pup.cn　总编室 zpup@pup.cn
电　　　话	邮购部 010-62752015　发行部 010-62750672　编辑部 010-62570390
印　刷　者	北京鑫海金澳胶印有限公司
经　销　者	新华书店
	720毫米×1020毫米　16开本　14.5印张　211千字
	2024年7月第1版　2024年7月第1次印刷
印　　　数	1-4000册
定　　　价	79.00 元

未经许可，不得以任何方式复制或抄袭本书之部分或全部内容。
版权所有，侵权必究
举报电话：010-62752024　电子邮箱：fd@pup.cn
图书如有印装质量问题，请与出版部联系，电话：010-62756370

内容提要
Introduction

4-D系统是由美国航空航天局（NASA）前高管、天体物理部门主管及哈勃望远镜项目负责人查理·佩勒林（Charles Pellerin）博士研究创建的。查理博士用一对坐标轴、4个维度和8个行为习惯，将团队建设及个人领导力变得可衡量与可管理，并有效地解决了由人际互动模式决定的社会场域问题。4-D系统已经在中国传播应用超过10年，已经有很多企业和个人获得了丰硕的成果。

本书根据作者及其团队多年学习、研究、落地应用4-D系统的成果进行编写，共3章内容。第一章解读4-D系统，让读者能快速了解并掌握4-D系统的核心知识和部分操作流程；第二章通过企业应用案例解析，展示了4-D系统在团队管理、销售业绩提升、抗压能力提高、大项目逆袭、公司文化建设、创业团队共创、个人创业方面的赋能作用；第三章解析了4-D系统在亲子教育和个人成长方面的赋能作用，将看似复杂的系统巧妙地应用在家庭和生活中，使"剪不断，理还乱"的人际互动得到良性发展。本书附录赠送了9个非常实用的实战指导文件，无论是企业、团队，还是培训老师，都能拿来即用。

本书内容丰富，既有理论支撑，又有操作落地的案例和指导，非常适合希望诊断团队风格、判断领导者与员工的主导天性、优化团队社会背景、提升企业管理效能、改善团队能力、提高个人素养、优化亲子教育效果与和谐家庭关系的读者阅读，也非常适合企业管理培训、人力资源培训等机构及相关院校、专业作为教学参考书使用。

本书导读
Introduction

本书由 4 个部分组成，既可以全书通读，也可以根据个人需要选择相关章节阅读。

如果您是初次了解 4-D 系统的读者，第一章"解读 4-D 系统"可以帮助您快速了解 4-D 系统的定义、4-D 系统的由来、4-D 系统的关键概念和认知。当然，第一章也可以帮助已经接触过 4-D 系统的读者温故而知新。

如果您是培训师、引导师、教练、公司或团队的领导、人力资源工作者，第二章"4-D 系统在企业中的应用"可以帮助您通过阅读场景化实例，更好地掌握 4-D 系统如何有效落地、如何通过测评更好地了解自己和团队、如何提升领导力、如何激励团队并提升绩效、如何塑造团队及组织的文化、如何有效地做好项目管理、如何优化合作关系、如何更好地助力创业等。

如果您是家长、教育工作者，或者是追求卓越的个人，第三章"4-D 系统在亲子教育和个人成长中的应用"可以帮助您通过阅读鲜活的故事了解 4-D 系统在学前儿童成长环境营造、帮助孩子养成良好习惯、优化亲子有效沟通关系、自我管理、人际互动、职业发展及创业中的应用方法。

"附录"给大家提供了行动学习项目建议方案、行动学习项目闭环辅导指导书、知行合一承诺书、团队发展测评（书内简称为 TDA 测评）报告分析范文、实施日程表范例、践行阶段总结、工作坊学员练习手册、基础知识试题等 4-D 系统相关资料和文档。

查理·佩勒林博士

Recommendation

I am pleased to recommend 4-D Master Mr. Lin Jian's book *High Performance Management: 4-D System's Best Practices and Cases Study*, which describes his successes in using the 4-D System in China.

I was impressed with his experiences when he shared them at the International 4-D Summit in Berlin, Germany in 2019. His book documents these in a way that Chinese businesses and families will surely find useful. He describes applications in personal development and (entrepreneurial) work teams, and uniquely in families. I suggest that his applications in families could be especially useful in an increasingly volatile world. It's a good read.

Dr. Charles Pellerin

Inventor of the 4-D System

Author of *How NASA Builds Teams*

Boulder, Colorado, U.S.A.

查理·佩勒林博士
推　荐（译文）

我很高兴推荐 4-D 高级导师林健先生的著作《高绩效管理：4-D 系统项目实践与案例解析》。此书描述了他在中国开展 4-D 系统应用方面的成功案例。

在 2019 年德国柏林举办的 4-D 国际峰会上，林先生的经验分享给我留下了深刻的印象。他的著作以独特的方式记录并解析了这些案例，中国企业和家庭一定能从中获得益处。他详述了 4-D 系统在促进个人成长和增强（企业）团队活力中的应用，特别是在家庭方面另辟蹊径的应用实践。在日趋变化不定的世界中，我相信他在家庭领域的 4-D 系统应用探索尤有助益。这的确是一本好书，值得认真品读。

查理·佩勒林博士
4-D 系统的创始人
How NASA Builds Teams 的作者
美国科罗拉多州博尔德市

序言一

德不孤，必有邻

作为一个不怎么有趣的、非常理性的男人，我原来有一个执念：写书是一件很严肃的事，对于才疏学浅的我来说，这是一辈子都不可能完成的事。所以，一直以来，虽然有很多朋友建议我写书，但是我都婉拒了。那么，为什么我写了这本书呢？凡事皆有因，无非是外因和内因。

1 外因

外在因素主要是来自3位朋友的鼓励。他们鼓励我写下这本书的初衷是坚信它将为读者带来深刻的启发和成长，他们的信任和支持，是我决定完成本书写作的关键驱动力。

让我放下执念的，首先，是DISC+社群的联合创始人李海峰老师。鉴于我对4-D系统的理解和践行，他建议我把这些内容都写出来，以促进4-D系统的普及应用，造福更多人。李海峰老师写了几本关于DISC的书，对提升人际敏感度和改善人际关系的工具做了深入浅出、引人入胜的呈现，为DISC的普及做出了重要的贡献，同时造福了很多人。我慢慢意识到，通过书籍把对人类有用的东西说清楚、讲明白，让更多人懂得并喜欢它，是功德无量的事。

其次，是 DISC+ 社群的翻转课堂堂主任博老师，他不止一次当众表达："在中国，讲 4-D 系统，我就认林健大哥（我虚度年华，年纪比他大）。"2019 年，我在几个城市做 4-D 系统培训公益课，他不是到现场支持，就是让社群的馆长代为赠送蛋糕和水果。同时，在知识产品设计和交付方面有丰富实战经验的他，多次从产品设计、社群运营、打造可靠的合作团队等角度入手给我提出建议。任博老师这些行动所展现的精神和品格深深地感动并激励着我。

最后，是"优链学堂"创始人、供应链管理专家姜宏锋老师。我们的相遇和相识始于 DISC+ 社群的"4-D 卓越团队领导力"国际包班课。2018 年，他居然在自己的专著《决胜供应链》的前言中提到了我和 4-D 系统。后来，我们来往多了，他也鼓励我出书，他和李海峰老师一样，认为我可以让中国人快速地理解这个由科学家创建的看似简单、实则博大精深的 4-D 系统。为了打消我的顾虑，他说："只要你能把你对 4-D 系统的理解写出来就够好了。" 2019 年，他邀请我为"价值链研习社"的 40 多位伙伴做了一次 4-D 系统实战工作坊，一个月后，参加工作坊的一位外企供应链经理告诉我："真是奇迹，在短短的一个月内，4-D 系统的应用让我们的团队成功完成了本以为不可能完成的年度峰会的招生和实施。"

❷ 内因

不可或缺的 3 个内在因素也在我的写书过程中起着非常重要的作用，和 3 个外在因素共同推动着我前行。

一是 4-D 系统的有效性。4-D 系统不仅可以让工作更高效，还可以应用在家庭场景中，快速改善亲子关系和夫妻关系，让生活更美好。十多年来，我坚持践行和推广 4-D 系统，是因为真心受益。我切实感受到自己的改变：变得更柔软、更灵活了。

二是使命的感召。2017 年，4-D 中心的伙伴们结合建设美丽中国这一主题，确定了一个得到查理博士认可的愿景和使命：让 4-D 系统造福美丽中国。这个愿景和使命是我第一个提出的，它具有积极又重大的意义。4-D 系统的出发点是通过利他来利己，落脚点是和谐的人际关系，"和谐"是社会主义核心价值观之一，也是我计划投入余生的人生使命。要让 4-D 系统造福美丽中国，我们需要更多能践行 4-D 系统的专家，更快地普及并践行 4-D 系统。所以，出版图书可以让我更快、更多地帮助有相关需要的人。

三是对 4-D 系统的责任和追求。4-D 系统是一个必须坚持践行的行动、学习系统。毫不夸张地说，每个人只要一息尚存，只要家庭和团队还在，就需要坚持不懈地践行 4-D 系统。遗憾的是，在中国，不少参加过查理博士课程认证的学员有意或无意地把 4-D 系统课程做成了传统的培训课，极大地削弱了其有效性和美誉度。更有甚者，居然让 4-D 系统蒙羞。

2022 年，我经历了两件关于 4-D 系统培训的"奇葩"的事情。

一是某培训机构临时找我去救场，说是原定 3 天的"教练领导力"内训项目被某授课老师搞砸了，客户要求马上换老师。我请机构把这位老师的授课课件发给了我，一看，真是吓了一大跳，这位老师居然在 4-D 系统的框架中加了无数心理学相关的理论内容，"阉割"了 4-D 系统。

二是某世界 500 强公司的省分公司邀请我去讲授为时两天的 4-D 系统课程。由于种种原因，整个项目延迟了几个月，成行前，甲方说要将课程时间缩减为一天。因为是事先约定的课程，我没有推托。听完我用时一天的交付后，甲方培训管理专员对我说："林老师，看来 4-D 系统课程讲授一天是不够的，但上次那个交付的老师，让我们觉得没必要讲授两天……"

基于此，4-D 软实力开发中心的专家团队致力于用行动学习的方式推广 4-D 系统，并与合作企业建立长期的践行辅导机制。我们积极地培养在各个细分领域应用 4-D 系统的专家，并提供全面的辅助与支持，实现 4-D 系统在各个领域的落地与推广，让 4-D 系统在中国的实践更有针对性和可复制性。我把践行 4-D 系统，造福工作团队、家庭和个人的实战案例及具体实施方法整理出来，是希望能够"拨乱反正",更好地诠释 4-D 系统,提升其在中国践行的正确性。

3 感谢

值此书出版之际,我想感谢与我一起为 4-D 系统的传播做出努力的人们。

首先,要向 4-D 系统的创始人查理博士表达深深的感激之情,他的智慧和大爱深深地感动了我。查理博士曾说:"当我了解到 4-D 系统对促进组织和人类社会的美好有帮助时,就决定要把 4-D 系统奉献出去。"他是我见过的唯一不在乎课件版权的大咖级老师。在英文版的 4-D 系统网站里,我们甚至可以免费学习相关内容。对于还处于不盈利、无收入状态的企业和院校学生,查理博士更是主张提供免费的测评和授课服务。

其次,能坚持十年如一日地投入 4-D 系统相关事业,我要特别感谢太太的理解和支持。同时,由衷地感谢那些勇于吃螃蟹的、在组织导入 4-D 系统的过程中具有大智慧的朋友们(包括但不限于以下朋友)。

感谢最早选择相信我并支持我将 4-D 系统作为领导力课程主要内容的福州大学经济与管理学院。特别感谢邀请我承担授课任务的时任该学院院长的唐振鹏院长(现任福建农林大学副校长)。

感谢从 2015 年 10 月开始践行 4-D 系统并取得成效的中国电信石狮分公司,该分公司的成功实践,让我获得了在组织层面有效导入 4-D 系统的经验和信心。特别感谢时任中国电信石狮分公司总经理的吴立志总经理。

感谢中国电信福建公司人力资源部时任分管领导卢凌京,感谢她在早期选择相信我,在省、市两级相关组织中导入 4-D 系统。

感谢时任中国电信浙江公司天翼学院的执行院长,本书内容的重要合著者之一,周善余老师。在失去联系多年后,2017 年,我和他在华为大学意外重逢。他坚持践行 4-D 系统，并在项目管理和区域公司层面认真、执着地推广着 4-D 系统。

感谢中国电信缙云分公司的王嘉宾总经理，他坚信 4-D 系统的优越性，多年来坚持在公司推行 4-D 系统，让我对国有企业践行 4-D 系统的效果有了更多的信心。

感谢刘东进总监，多年来，他带领团队，坚持在中国建筑行业信息化领军企业广联达科技股份有限公司的设计与成本客户群中推广 4-D 系统。

感谢在学前教育中推广 4-D 系统的广东中黄教育集团中黄学院的李琦老师和廖丽珍老师。

感谢理工科出身的 4-D 系统亲子导师，本书内容的重要合著者之一，张坤阳老师。他以助人为初心，执着地践行和研发 4-D 系统在家庭和亲子关系中的应用，造福了不少家庭。

我还要特别感谢的是 4-D 领导力中心的创始人、查理博士中国认证班的顾小蓉教练。在李海峰老师的支持下，我们一起成就了查理博士在 DISC+ 社群举办"4-D 卓越团队领导力"国际包班课等大事，她还积极助力我获得了查理博士亲授的 4-D 系统大师级导师认证。特别值得一提的是，我们两个天性、经历迥异的人能够多年来一直坚持合作推进 4-D 系统在中国的推广，本身就是 4-D 系统的力量的有力证明。

我需要感谢的朋友还有很多，比如 DISC+ 社群中参加"4-D 卓越团队领导力"国际包班课的学员，他们中不少人对 4-D 系统满怀热情，不遗余力地践行着、推广着。2019 年，北京的张鹤桥老师、南京的方文波老师和王晶晶老师，以及当时在烟台工作的冯玉秀老师分别在当地发起、组织了 4-D 系统培训公益课。

最后，但绝非不重要的是，我要把衷心的感激送给本书的合作编著者陈韵棋教练。她也是查理博士认证的 4-D 教练和 4-D 践行者。她对本书的贡献不止于对内容的编辑，在我中断写书的念头 3 年之后，决心写作、出版此书时，她起了关键性作用。她的支持、鼓励和专业为我提供了强大的助力，使我能够克服犹豫和担忧，重新专注于内容整理与撰写。没有她的帮助，这本书将无缘面世。

本书内容，除了特别标注作者姓名的部分，都是我和陈韵棋撰写的，我还负责统稿。

受学识、眼界所限，本书一定存在不足之处，欢迎大家批评指正。大家的喜欢和支持，是我坚持前行的不竭动力！

德不孤，必有邻！让我们携手感召更多人，让4-D系统助力建设更多和谐、幸福的家庭和组织！

林健

4-D系统大师级导师

序言二
永远在勤而行之的道路上

在一个管理类线下沙龙的互动环节中，我挑选了一张绿色的隐喻卡牌。卡牌背面的问题是"你相信一见钟情吗？为什么？"，看到这个问题，我脑海里浮现的是2014年我和4-D系统一见钟情的情景。

从1995年到2014年，我先是担任了10年的IT项目经理，后晋升为项目总监（部门副总经理）。这一过程中，我几乎每年都要主持多个千万级别的IT项目，面对各种流程、规则、计划和细节，以橙色天性为主导天性的我眼中常常只有事、忽略人。加上是IT项目中的"甲方"，慢慢地，我越来越不在意人际关系的重要性。这样的职业习惯，甚至影响到了我的日常人际交往。

2012年，我接触教练技术，开启了自我觉察之旅。2014年11月，在参加CPCP国际教练认证课程期间，我初次接触到4-D系统。惊鸿一瞥后，我决定参加对4-D系统的学习。一方面，我希望通过学习和践行4-D系统，让自己和同事们的项目管理能力提升一个档次，另一方面，我希望提高自己的人际敏感度、改善人际关系。

回想起来，我面对4-D系统，从初识到结缘，从学习到实践，从应用到推广，每一段经历都非常特别。在企业内外做了一个又一个4-D系统的落地实战项目后，我开始在不同场合进行关于4-D系统的实践交流，并收到了许多积极的反馈、鼓励和期望。

很多人希望我从资深 IT 项目管理从业者的角度出发，把实践案例整理出来，分享出去。其中，带给我最多鼓励和支持的是林健老师。我们一起做实践项目，一起做公益培训，一起组织学习社群，一起沉淀最佳实践经验……2019 年，在德国柏林举行的 4-D 国际峰会上，林老师代表我们分享了"2+1 模式，助力千万元级 IT 项目突破拐点"的 4-D 系统最佳实践经验，获得了查理博士和与会同行的高度认可。

随后，为了让 4-D 系统造福更多人，帮助大家修身、齐家、有效改善社会关系，查理博士开始策划出版新书，拟汇集各个国家推广 4-D 系统的最佳实践项目。这次，林健老师邀请我和张坤阳老师参与中国 4-D 系统最佳实践案例的编制，点燃了我们一起出书的梦想。

在这里，我把自己的学习和实践经历写下来，帮助大家解除"如何学习 4-D 系统、如何实践 4-D 系统、如何推广 4-D 系统"的困惑。

1 学习 4-D 系统

2014 年 11 月，我初识 4-D 系统。2015 年春天，获悉 4-D 系统的创始人查理·佩勒林博士将在第二季度来中国讲授 4-D 系统并进行 4-D 导师/教练的培训与认证，其中有一期安排在杭州，我立刻抓住这个难得的机会，报名参加培训与认证。

2015 年 5 月 14 日，我见到了查理博士。我全面地认识了完善的 4-D 系统，领悟了大道至简的 4-D 系统，深信这是科学家、工程师、项目团队完成使命必备的软技能。

感受到欣赏和感激、感受到归属感是人的两大最基本需求，先人后事、先人后己、避免戏剧化状态等理念，对于眼中只有"事"的工程师、项目管理者——我来说，绝对是振聋发聩的，而指导大家关注共同利益的金句："什么既是对方想要的，又是我愿意 TA 拥有的？"让我印象极其深刻，成为我在工作协作中的新指南。

❷ 实践 4-D 系统

认证结束，我回到 IT 部门副总经理的岗位上，立即开启了实践之旅。

训后第 3 天晚上，我参加了一个 IT 项目汇报会。这个项目是我刚刚接手的一个投资超 3000 万元、已实施 10 个月的 IT 系统升级改造项目（第二章中"项目管理中的决策分析与优化"案例中的 R 项目）。当时，R 项目的工期已一延再延，项目主计划延期率超过 50%。

在汇报会现场，根据 4-D 系统 8 个行为习惯中的第 2 个行为习惯，即关注共同利益，我提出了一个挑战性问题："什么既是试点单位想要的，又是我们愿意让它们拥有的呢？"我们深入地讨论了这个问题，所面对的进度失控、士气低落的难题迎刃而解。

在随后的项目实施过程中，通过组织项目管理团队的双周 4-D 工作坊、项目组成员的全员 4-D 系统基础知识培训，并在项目周例会上植入 8 个行为习惯、应用 CSW（背景转变工作表）解决重大挑战、为项目管理团队成员提供一对一教练服务等，仅用了半年时间，R 项目团队的 TDA 测评得分从低绩效、高风险的底端五分位，提升到高绩效、低风险的"高于平均"五分位。

随着 4-D 系统持续落地实践，R 项目于 2016 年 1 月完成试点上线，实现逆袭！

❸ 推广 4-D 系统

由于身体原因，2017 年，我离开了耕耘 20 多年的 IT 战线，接手了企业大学的运营管理工作。因缘际会，我和林健老师在深圳华为大学重逢。在林健老师的安排下，我开始在 DISC+ 社群的"4-D 卓越团队领导力"国际包班课上分享"项目延期大逆袭——R 项目 4-D 卓越团队建设"案例，与此同时，在林健老师和顾小蓉老师的帮助下，我投入大量的业余时间参加"让 4-D 系统造福美丽中国"公益活动，并领衔项目管理领域的实战推广和落地模式开发。

我把在 R 项目中打造 4-D 卓越团队的实践经验和有效做法梳理成了"项目管理 4-D 解决方案"。比如，进度管理方面，启动阶段，遵循 100% 投入的行为规范，聚焦首要目标，在需求基线方面达成共识；执行阶段，在项目例会上增加"鲜花与钻石"开场、"敲黑板点名"汇报、"白板记录"收尾等创新做法，植入 1B 及时表达真诚的欣赏与感激，3B 适度包融，5B 直面现实的乐观，6B 100% 投入和 8B 厘清角色、责任与权力等 8B 行为规范，持续改善团队氛围，有效降低项目风险。又如，人员管理方面，在规划阶段，运用 2B 关注共同利益，化解多项目关键人员共用的问题；在执行阶段，应用 CSW（背景转变工作表），主动应对项目中的人际冲突挑战。这些具体做法，都可以在第二章中"项目管理中的决策分析与优化"案例中的 R 项目里找到原型。

这些年，我和林健老师一起做 4-D 系统的推广与实践，不仅在头部公司内部的多个区县分公司内组织 4-D 卓越团队工作坊，还参与支持 4-D 系统的系列线上/线下训练营，参与不同类型的企业打造 4-D 卓越团队的实训项目，帮助它们进入高绩效、低风险的运营状态。

《道德经》中有这样一段话："上士闻道，勤而行之；中士闻道，若存若亡；下士闻道，大笑之，不笑不足以为道。"

实践出真知，4-D 全能不是梦，我永远在勤而行之的道路上。

周善余

4-D 系统高级执行师

序言三
影响 5 万多个家庭的工具

成为 4-D 系统亲子导师纯属我人生规划里的一个意外。第一次接触 4-D 系统是在一次公司管理层的培训上，没想到，这次培训解除了我多年以来的一个困惑。

16 年前，我的女儿小妞出生。除了激动，我的内心充满彷徨。因为不知道如何当一个好爸爸，所以我开始大量阅读亲子教育方面的书，不断参加各种亲子教育课程并实践，直至成为别人眼中的亲子教育专家。其中，对我影响最大的课程是 4-D 系统课程。

自从有了小妞，太太对我的不满逐月增加，常常"河东狮吼"："张坤阳，跟你说过多少次了，鞋子要摆正，换洗的袜子要丢到筐里，这些小事都做不好，我还能指望你干什么？我又不是保姆！"于是，我也常对她说："你不爱我了。"家庭关系日益紧张。

完成 4-D 系统的天性测试后，我发现，太太是典型的以橙色天性为主导天性的人，对自己要求严格，对他人也要求完美，习惯从细节中找出他人做得不够好的地方并进行纠错。我恍然大悟，于是，和太太进行了一次学术上的天性解读沟通，末了，补上一句："太太，你不是不爱我了，你只是恨铁不成钢。"她莞尔一笑。往后的日子里，家庭场域发生了神奇的逆转，太太不再对我大吼，而是心平气和地提意见："张坤阳，你脱鞋后，能不能发挥一下橙色天性，把鞋子摆正一点？"听到这类意见后，我常笑答："咱们发挥一下绿色天性，开心就好了嘛。"

尝到甜头后，我开启了深入研究 4-D 系统之路，参加了 DISC+ 社群组织的查理博士亲授的"4-D 卓越团队领导力"国际包班课，成为在家庭、亲子陪伴方面的 4-D 系统实践者。

让我开心的是，我用 4-D 系统陪伴女儿成长，取得了不错的效果。这些年来，小妞以 4-D 系统为指导，行走江湖，开心地过着日子，考上了理想的高中，也曾获得市级三好学生、市级优秀学生干部等荣誉。成长路上，她一直保持着初心：开心第一，成为自己。

起初，我并不认为这有什么好骄傲的。启发我把实践经验总结出来并分享出去的，是小妞的一位老师的反馈。

小妞读四年级时的老师——一位省级优秀教师对我说："小妞的成长，在一定程度上颠覆了我对教育的认知。我认为，一个'学霸'，要在学习这件事上保持开心是很难做到的。我见过的'学霸'非常多，绝大部分是把学习当成一项重要的任务来完成的，并不能很开心地学习。"她说，中国的家长非常需要我的教育理念，让我想办法把这些教育理念分享给更多的家长。

在企业里，我经常给员工做领导力培训。以前，员工反馈表里，"课程是否有帮助"这一项，认可度只有 30%；我在课程里增加了对 4-D 系统的分享后，该项认可度提升到 80%，而且，课间，总是有员工围着我问 4-D 系统应用问题，我的价值感直线上升。

截至目前，线上和线下，我已经影响了 5 万多个家庭。很多家长反馈良好，举个例子，有个家长曾对我说："张老师，很多道理我是懂的，但以前总是做不好。比如，不要拿自己的孩子与其他孩子比较，以前也知道，但总是忍不住。知道自己的孩子是以绿色天性为主导天性的孩子后，我终于理解他为什么总是答应的多，做到的少了。别人家的孩子那么听话，可能是因为别人家的孩子是以橙色天性为主导天性的孩子。此后，我才真正做到不拿自己的孩子和别人家的孩子比较，同时，按绿色天性的特点来陪伴孩子，解决了多年的困扰。"

为什么很多人听过那么多道理却依然过不好这一生？因为要内化所听到的道理，必须知道道理背后的逻辑。不要拿自己的孩子和别人家的孩子比较，要因材施教，背后的逻辑是不同的孩子有不同的天性，有不同的长处和短处，需要用不同的方法陪伴。

4-D 系统在亲子关系方面的核心理念是帮助家长提升自己的认知，改变自己的陪伴行为，营造良好的原生家庭环境，激发孩子的内驱力，让孩子开心、充满正能量地成长，同时把学业完成好。

家长们的反馈激励着我持续做这件有意义的事。在本书中，我整理呈现了这几年应用 4-D 系统陪伴孩子成长的典型案例，希望能启发更多的家长，让更多的孩子身心健康地成长。

张坤阳

查理亲授 4-D 系统亲子导师

主编手记

活出 4-D 全能的样子

作为 DISC+ 社群的华南馆长,我负责"4-D 卓越团队领导力"国际包班课深圳场的统筹工作。深圳场的课程是 2017 年 10 月 6 日至 8 日的为期 3 天的课程,借该课程的统筹工作,我有了很多与查理博士接触的机会。

有人说,判断一个人是不是真正的大师,不是看他的课程讲授得多精彩,而是看他是否活出了课程中理想的生命状态。参加过查理博士亲授课的学员,无一不被他的一言一行所折服,我们看到,他真正活出了 4-D 全能的样子。

1 信守协议——黄色

2017 年,已经 73 岁高龄的查理博士,在完成了为期 3 天的北京场授课后,仅休息了短短一天,便踏上了前往深圳的列车。

酒店距会场不远,仅 3 公里的距离。正式上课时间定在了 9 点,然而,查理博士坚持要在 8 点出发前往会场。

美国航空航天局前分管战略的高管、天文物理学部门主任、天体物理学博士查理·佩勒林究竟是怎样的一个人呢?我在脑海里想象过无数个见面的场景。

10月6日上午，在顾小蓉老师的陪同下，查理博士准时出现在万豪酒店大堂。我远远看见他缓步走来，身着经过精心熨烫的粉紫色条纹衬衣和深灰色西装裤；尽管脸上留有岁月的痕迹，但脸颊依然透着红润；一副时髦的金边眼镜后，眼眸中透着睿智；银白色的头发，柔软又富有生命力，微微闪烁着光泽。顺着小蓉老师指引的方向，他抬起头来看向我，露出慈祥的笑容，亲切地问我是否吃过早餐。

或许这正是查理博士在多年职业生涯中养成的习惯，即使年过七旬，他依然信守所有承诺。这种坚持，凝聚了他对这份事业的热情和对承诺的尊重，也为他赢得了学员们的无限尊敬。

2 避免情绪化状态——橙色

我们抵达会场时，原本前一天还在正常运行的灯光，除了讲台部分，竟然全部出现了故障！恰逢国庆假期，场地的工程师都放假了，值班人员面对这一突发情况，束手无策。

查理博士得知这一突发情况后，并没有表现出丝毫烦躁和愤怒，反而微笑着安慰我们，说只要讲台上有灯光就足够了，并有条不紊地打开电脑测试设备。为了确保课程的进度不受影响，我们只能在昏暗的光线中上课。

在工作人员努力排查问题的同时，李海峰老师和场地方协调了另一个场地，带着几位志愿者搬来了200多把椅子。然而，神奇的事情发生了，中午休息时，原以为要花费至少两个小时才能排除复杂的线路问题，工程师仅仅用了20分钟就成功修复了所有灯光。

据说，北京场第一天授课时，天气异常炎热，会场的空调却非常不给力，怕热的查理博士也没有任何抱怨和指责，靠喝冰水和吹风扇来降温。幸运的是，第二天，北京突然降温，大家才松了一口气。

考虑到查理博士授课很耗费精力，我们安排了固定的合影时间，与休息时间做了严格区分。但没想到大家热情高涨，很多学员一看到查理博士有空，就立刻冲上前，想要留下更多的合影，或者索要签名，而查理博士从未推辞过。

合影时，查理博士总会用力地拥抱对方，并及时提醒对方看镜头；面对每一本递过来的书，查理博士都会认真地签上自己的名字。200多位学员都热情无比，每一天的拍照时间都超出预期，延长了不少，虽然查理博士并未直接表达，但在回酒店的路上，细心的人可以看到，他脸上隐隐透露出疲惫的神情。

3 100%投入——蓝色

在讲到100%投入的时候，查理博士为学员们介绍了他的"100%承诺"：生活在感激（欣赏）、丰盛（无私给予）和服务中，提升他人的生命品质；服务好妻子、亲戚和子孙；广泛传播4-D系统；奉献社会，表达创意，获得乐趣。

在传播4-D系统这件事上，查理博士真的是100%投入。在高强度的授课过程中，查理博士始终保持清晰、有条理的思路，偶尔还加入一些幽默故事，引发全场哄堂大笑。而且，他会把认证课程的原版PPT毫无保留地分享给学员，300多页PPT，每一个流程、每一个互动和每一个标注都是完善的，最不可思议的是，每一页PPT上都有文字备注。

因为DISC+社群的毕业生特别期待能有机会再次参加"4-D卓越团队领导力"国际包班课，所以，2018年，李海峰老师再次去邀请查理博士亲授。正式邀请时，大家才知道，同年5月份前后，查理博士已经在国内安排了3场工作坊。担心74岁高龄的查理博士会吃不消，李海峰老师本打算延后邀请，或者干脆作罢，但是，听说是DISC+社群的邀请，查理博士毫不犹豫地答应了，并硬生生地挤出了两个周末的时间，交付了完整的 4 天课程。

3 次课程，查理博士培养了超过 500 名 4-D 系统认证教练。他们中，有人把 4-D 系统应用于工作团队，改善了团队协作和沟通；有人把 4-D 系统带回家庭，改善了家庭关系；有人把 4-D 系统内化为课程，快速赚回了学费；还有人成为行业或地区大使，身体力行地传播着 4-D 精神。

4 欣赏感激——绿色

前文提到了查理博士的"100% 承诺"，其中有这样一部分：生活在感激（欣赏）中。查理博士时时刻刻在践行。

"4-D 卓越团队领导力"国际包班课的课程结束后，查理博士不忘给顾小蓉老师发来邮件，邮件内容大意如下。

Sharon（顾小蓉），我被海峰组织、安排的两场包班课深深打动，甚至感觉被宠坏了。请代我向参与其中的每一个人转达我最深的感谢。这一定是我过去 20 年做交付的经历中最奇妙的经历！

这就是我眼中的查理博士。虽然已经是多年前的情景，但依然清晰地存在于我的脑海中。

作为 4-D 系统创始人查理博士亲自认证的 4-D 导师 / 教练，我在践行和推广 4-D 系统的过程中，心中有一个愿望日益强烈——如果能够把查理博士的 4-D 系统在中国全面开花、结果的案例写出来，同时把 4-D 导师 / 教练高效帮助组织践行 4-D 系统的方法和工具说清楚，一定能帮助更多人。

2023 年 3 月，在广州的一个课堂上，我遇见了林健老师，我们快速达成了联手组织、编写这本书的共识。

感谢 DISC+ 社群联合创始人李海峰老师引入了这门卓越的课程；感谢林健老师的信任与支持；感谢周善余、张坤阳、杨蓉、李耀、林化真、邓若男等老师的共同努力。

谨以此书，向查理博士表达我深深的敬意和感恩之情。愿这本书能够更大范围地传播他的 4-D 系统，扩大其影响力，并将我们对他的尊敬之情传递到更多人的心中。

陈韵棋

"4-D 卓越团队领导力"认证教练

CONTENTS 目 录

01 第一章　解读 4-D 系统

- 1.1 4-D 系统的诞生 002
- 1.2 4-D 系统的基本含义 004
  - 1.2.1 4 种人类的最基本需求／天性 004
  - 1.2.2 先人后事的人际互动核心流程 005
  - 1.2.3 一种能力和境界 005
  - 1.2.4 完整的修炼系统 006
- 1.3 4-D 系统的解析 008
  - 1.3.1 认识不等于了解 008
  - 1.3.2 4-D 系统坐标及人类的 4 种最基本需求 009
  - 1.3.3 判断天性类型的 4 个步骤 010
- 1.4 4-D 系统的原理 014
  - 1.4.1 社会场域／第五力决定人与事的成败 015
  - 1.4.2 人际互动习惯决定社会场域／第五力 016
  - 1.4.3 人的天性决定人的人际互动习惯 016
  - 1.4.4 人类的 4 种最基本需求决定人的天性 017
  - 1.4.5 人人都要掌握分析人的天性的技能 017
  - 1.4.6 工作和团队也有性格 018
  - 1.4.7 掌握人际关系的钥匙 018
  - 1.4.8 4-D 全能催生和谐人际关系 019
- 1.5 4-D 系统的核心修炼流程 021
  - 1.5.1 AMBR 是什么 021
  - 1.5.2 AMBR 的应用 023
  - 1.5.3 有效应用 AMBR 的案例 025

02 第二章　　4-D 系统在企业中的应用

- 2.1 4-D 系统在企业中有效落地的关键认知 028
  - 2.1.1 4-D 工作坊是工学合一的行动学习项目 028
  - 2.1.2 4-D 工作坊不是一锤子买卖 030
  - 2.1.3 4-D 工作坊是"一把手工程" 031
  - 2.1.4 4-D 工作坊的有效落地需要制度支撑 031
- 2.2 4-D 工作坊的四大内容 033
  - 2.2.1 四大测评 034
  - 2.2.2 心态/态度管理 037
  - 2.2.3 8 个行为习惯的学和习 037
  - 2.2.4 应用 CSW（背景转变工作表）解决具体工作问题 038
- 2.3 个人发展测评（IDA 测评）和团队发展测评（TDA 测评） 040
  - 2.3.1 个人发展测评（IDA 测评） 040
  - 2.3.2 团队发展测评（TDA 测评） 042
- 2.4 4-D 系统项目化实施流程 047
  - 2.4.1 4-D 发展团队就位 047
  - 2.4.2 TDA 测评与报告解读 048
  - 2.4.3 激发团队发展动力 048
  - 2.4.4 行动学习 048
- 2.5 团队激励与领导力发展 050
  - 2.5.1 项目背景 050
  - 2.5.2 实施过程 051
  - 2.5.3 项目成效 052
- 2.6 高绩效团队的建设与管理 054
  - 2.6.1 项目背景 054
  - 2.6.2 实施过程 055
  - 2.6.3 项目成效 058
- 2.7 团队及组织文化的重塑 060
  - 2.7.1 项目背景 060
  - 2.7.2 实施过程 060
  - 2.7.3 项目成效 063
- 2.8 项目管理中的决策分析与优化 065
  - 2.8.1 项目背景 065
  - 2.8.2 实施过程 068

         2.8.3 项目成效 076
2.9 合作关系优化与团队绩效提升 081
    2.9.1 项目背景 081
    2.9.2 实施过程 082
    2.9.3 项目成效 082
2.10 创业公司的团队建设和问题解决 086
    2.10.1 项目背景 086
    2.10.2 实施过程 087
    2.10.3 项目成效 088

03 第三章　4-D 系统在亲子教育和个人成长中的应用

3.1 亲子关系认知与方法论概述 090
    3.1.1 不同天性的家长的行为风格 090
    3.1.2 与不同天性的孩子的相处之道 091
3.2 营造支持学前儿童成长的环境 096
    3.2.1 开心吃喝篇 096
    3.2.2 快乐起居篇 097
    3.2.3 出门在外篇 099
3.3 应对孩子不良习惯的有效策略 101
    3.3.1 背景 101
    3.3.2 调整过程 102
    3.3.3 成效 104
3.4 引导孩子提高自我管理能力的技巧 105
    3.4.1 背景 105
    3.4.2 调整过程 106
    3.4.3 成效 108
3.5 培养孩子人际互动能力的智慧 109
    3.5.1 背景 109
    3.5.2 调整过程 110
    3.5.3 成效 112
3.6 给予孩子坚持的决心和勇气 113
    3.6.1 背景 113
    3.6.2 调整过程 114
    3.6.3 成效 116

3.7 助力孩子掌握学习技能的方法 118
3.7.1 背景 118
3.7.2 调整过程 119
3.7.3 成效 122

3.8 促进亲子关系及亲子沟通 128
3.8.1 背景 128
3.8.2 调整过程 129
3.8.3 成效 130

3.9 加速突破自我，持续成长 132
3.9.1 背景 132
3.9.2 调整过程 132
3.9.3 成效 135

3.10 打造个人创业者的核心竞争力 137
3.10.1 背景 137
3.10.2 调整过程 137
3.10.3 成效 140

附 录

附录1　4-D卓越团队与高效执行领导力行动学习项目建议方案 142
附录2　4-D卓越团队建设行动学习项目闭环辅导指导书 147
附录3　关于在××公司深入开展4-D卓越团队建设的通知 150
附录4　4-D系统知行合一承诺书 157
附录5　TDA测评报告分析范文 160
附录6　4-D系统项目领导力实战工作坊实施日程表范例 167
附录7　SS分公司办公室HR编写的4-D系统践行阶段总结 174
附录8　4-D卓越团队领导力工作坊学员练习手册 179
附录9　4-D系统基础知识试题 194

第一章

解读 4-D 系统

什么是 4-D 系统？它有哪些用处？为什么它能如此有效地帮助个体和组织实现目标？在学习和理解 4-D 系统的过程中，需要掌握的基本认知和概念有哪些？

本章将用中国人容易理解的方式重点回答以上 4 个问题，帮助读者全面地了解 4-D 系统。纲举目张，8 个原理是我们理解 4-D 系统的"纲"；人类需求和天性分类的 4-D 坐标和管理人的情绪／能量及行动力的 4-D 核心修炼流程 AMBR 则是我们读懂 4-D 系统的两大关键的"目"。

1.1 4-D 系统的诞生

1990年4月24日，美国航空航天局（National Aeronautics and Space Administration，以下简称NASA）耗资17亿美元研制的哈勃太空望远镜终于升入太空。

然而，一周后，NASA发现哈勃太空望远镜出现了球面像差，导致图像模糊和失真。这个历时15年的项目竟有如此大的失误，引发了美国国会的愤怒。

在NASA喷射推进实验室主任艾伦将军的组织调查下，最终上报给国会的原因是"领导失职"。原来，迫于预算压力和工期压力，NASA总部和为NASA管理哈勃场地的马歇尔太空飞行中心的经理们不停地向承包商施压，双方形成了敌对情绪，导致承包商在发现技术问题时不愿通知NASA，以避免再次受到指责。

时任NASA天文物理学部门主任的天体物理学博士查理·佩勒林（Charles Pellerin）被任命为事故调查委员会的联络人，而后，成为唯一有足够动力和能力承担哈勃太空望远镜修复工作的人。查理博士因此获得了NASA第二等级的"杰出领导奖章"（在NASA的历史上，包括宇航员在内，只有50人获此殊荣）。后来，NASA还授予查理博士"杰出服务奖章"——这个奖章是授予那些做出非凡的贡献，其他形式的褒奖都不足以替代的人的。

查理博士带着在NASA工作期间有关团队和领导力建设的困惑，于1993年进入科罗拉多大学商学院，如饥似渴地阅读商业文献、书籍，思考如何利用自己的物理学背景，简化团队和领导者分析。经过数年探索，他创建了提升团队场域及其领导力的"4-D卓越团队系统"，简称"4-D系统"。

挑战者号遭遇空难后，NASA 成立项目工程领导力学院（Academy for Program and Project Leadership，APPL），以防止未来的空难。时任该学院院长的爱德华·J. 霍夫曼（Edward Joseph Hoffman）密切关注查理博士开发的 4-D 系统。

2001 年，爱德华院长邀请查理博士在 NASA 的项目团队中应用 4-D 系统，分别给位于马里兰州格林贝尔特（Greenbelt）的戈达德太空飞行中心（Goddard Space Flight Center）和位于加利福尼亚帕萨迪纳（Pasadena）的喷气推进实验室（Jet Propulsion Laboratory）进行系统评估。这个项目获得了非常好的效果，随后，爱德华院长把 4-D 系统推广到整个学院。

2003 年至 2008 年，NASA 有超过 500 个团队、2000 名人员自愿参加了近 5 万次评估，参加评估的团队包括负责发射航天飞机、操作空间站、登月、执行火星任务的团队，以及负责在太空操作太空望远镜等一系列重要太空任务的团队。从此，4-D 系统成为 NASA 的团队建设及领导力发展使用的主要系统。

2009 年，查理博士把这套行之有效的 4-D 系统编写成书，出版了 *How NASA Builds Teams*。4-D 系统创建并践行后，受到 NASA 及其相关客户的高度评价。为了让 4-D 系统更好、更多地造福人类，查理博士把在全球推广 4-D 系统作为他此生的使命和余生最重要的工作。

1.2 4-D 系统的基本含义

笔者对查理博士创建的 4-D 系统的解读主要基于以下 3 个来源。

一是查理博士认证工作坊的授课内容及其不定期更新的课件内容，笔者拥有最新版本的以上内容。

二是在担任查理博士认证工作坊的助教时，以及与他直接沟通相关主题时获得的珍贵的第一手信息。

三是查理博士编写的有关 4-D 系统的第二本书的书稿。该书由包括笔者在内的多位中外 4-D 导师 / 教练参与案例部分的编写，目前尚未面世。

关于 4-D 系统，笔者总结了如下 4 种基本含义。

1.2.1　4 种人类的最基本需求 / 天性

根据查理博士的研究，在 4-D 系统坐标中，4 个维度分别代表人类与生俱来的 4 种最基本需求，也可称为天性（Innate personality）。每个人身上都同时有这 4 种天性，但是其中一种居主导地位。这 4 种人类的最基本需求 / 天性分别为培养型（绿色）、包融型（黄色）、展望型（蓝色）、指导型（橙色），如图 1-1 所示。

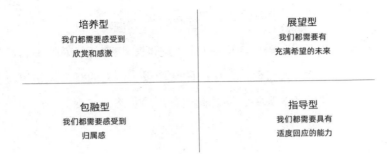

图 1-1 人类的最基本需求/天性

这些天性在潜意识中操控着我们内在的思维、情绪和外显的与人互动的言行习惯。简言之，4-D 系统坐标中的需求/天性可以让我们明白天性到底是什么、做人最根本的需求是什么。

1.2.2 先人后事的人际互动核心流程

4-D 系统认为，要想有效地处理人际关系，核心流程是按照绿、黄、蓝、橙的先后顺序来满足人类的 4 种最基本需求/天性，即先人后事，如图 1-2 所示。

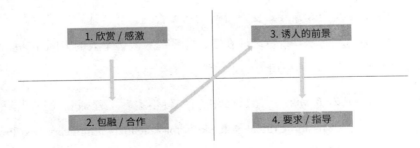

图 1-2 人际互动的核心流程

具体步骤即先满足绿色（欣赏/感激）、黄色（包融/合作）的情感需求，再满足蓝色（诱人的前景）、橙色（要求/指导）的理性需求。

1.2.3 一种能力和境界

4-D 系统测评出的状态和能力是一个人、一个团队或者一个家庭所拥有并呈现出的最佳的人际互动的行为习惯状态和能力。

达到 4-D 全能的境界，需要在读懂自己的同时，快速读懂及影响自己的外在场域/场景，包括有形的人与事、无形的团队场域、他人的行为风格等，然后快速判断此场景所需要的行为风格，随之调整自己的状态，实现为自己和他人赋能的目的。

人生如戏，全靠"演"技。通俗地说，就是会"演"这 4 种人性的戏。这种高度综合的 4-D 全能的能力和境界，为我们明确了做人的标准和努力的方向，也提示了成为卓越团队/领导者的密码和底层逻辑。

1.2.4 完整的修炼系统

4-D 系统是目前全球唯一由有科学家背景的领导力专家和教练创建的卓越团队和领导力管理、教练系统。查理博士用一对坐标轴（信息获取途径和决策模式，用于判断具体的需求和天性）、4 个维度（需求和天性的分类）和 8 项行为（满足人类的 4 个最基本需求/天性、改善人际关系和社会场域的行为和习惯），将团队建设及个人领导力变得可衡量与可管理，有效地解决了由人际互动模式决定的社会场域问题。奇特之处在于，此系统对改善个人的人际互动能力和改善团队场域有一箭双雕的作用。

How NASA Builds Teams 一书的封面上有"科学家、工程师和项目团队达成使命的关键软技能（Mission Critical Soft Skills for Scientists, Engineers, and Project Teams）"这样一句话，这个软技能，特别适合以蓝色天性、橙色天性为主导天性的科学家、工程师和项目团队。

4-D 系统特有的场域改善机制能够将场域中每个成员的行为风格 4-D 化，不仅可以应用在职场中，还可以应用在家庭中，因为家庭也是由人组成的。通过 8 个行为习惯中只有第 8 个行为是"厘清角色、责任和权力"不难看出，4-D 系统主要关注"人"，是通过理顺人来成就事的。

到目前为止，也许你依然对 4-D 系统很陌生。这是因为 4-D 系统对人际互动的洞察、诊断和治疗的认知及其解决方案是全新的，是在挑战人类诞生至今的思维和行为习惯。好在，查理博士设计的系统就是针对习惯改变的。

理解新事物的最好方法，是让熟悉的旧事物与陌生的新事物产生关联和类比。如果说医院关注的是人的身体健康，4-D 系统关注的就是人的精神健康和心理健康。换言之，4-D 系统就像人的精神和心理健康医疗保健系统，由以下 3 个部分组成。

一是测评系统，相当于医院的体检系统，可以诊断团队、家庭及其成员的精神和心理健康程度。

二是工作坊系统，相当于医院的门诊、急诊系统，用于明确真实团队中各成员之间互动时表现出的优点，达成对同一问题的共识，治疗社会场域和个人人际互动中的不良行为习惯，体验 4-D 系统的好处。

三是行动学习系统，相当于医疗保健体系中的康复与保健系统，帮助团队成员在日常工作中坚持践行 4-D 系统要求的认知和行为，养成新的习惯，让人际互动模式趋向 4-D 全能，进入无病的、健康的良性状态。

实践结果告诉我们，充分应用 4-D 系统至少有以下四大作用，一是快速改善团队文化与业绩；二是快速改善公司管理团队的领导力；三是加速个人的成长蜕变与职业发展；四是快速改善亲子关系，助力孩子全面、快乐成长，让家庭更幸福。

总之，4-D 系统的关注点在人，通过妥善处理人的情绪、认知和人际互动行为妥善解决各种事，是一个人事兼顾的系统。

1.3　4-D 系统的解析

4-D 系统的核心认知为社会场域及其驱动因素（人类的最基本需求/天性），都是看不见的。如何让这些看不见却对人际关系、团队和家庭影响巨大的存在显形？4-D 系统致力于让看不见的场域、人类需求和天性类型可视化，并进行管理。

1.3.1　认识不等于了解

笔者一直认为，分析自己和他人天性的知识和技能是成年人需要拥有的第一知识和技能，因为这是管理人际关系的前提条件。获得讲师证和顾问证后，作为讲师的我开始授课，为了让学员对"认识不等于了解"这句话有更深刻的认识，我常常引用一则故事。

一对夫妻在金婚纪念日来到 55 年前他们初次约会的餐馆，点完菜后，老太太说："亲爱的，我去一趟洗手间。"

其间，菜上桌了。老先生就像过去几十年一样，夹起鱼头放在太太的盘子里。老太太回到座位，看到盘子里的鱼头后，突然控制不住地双手掩面，紧接着失声痛哭。

老先生一头雾水地问："亲爱的，你怎么了？"

老太太抽泣着回答："都几十年了，我一直在吃我最不喜欢吃的鱼头啊。"

老先生听后，傻了："我们第一次在这里吃饭，我问你吃不吃鱼头时，你不是满脸笑容地接受了，而且吃得有滋有味吗？"

听完这个故事，你有什么感想？

老先生很爱太太，却做了一件他认为太太很喜欢，事实上太太不喜欢的事情。因为不了解、缺少沟通，出于爱的动机和行为没有带来好的结果。只有真正了解对方，才谈得上尊重，才能处理好人际关系。

没想到，类似的事情居然也会发生在我的身上。

2016年6月中旬，我连续3天无法回家吃晚餐，第二天是和老战友聚会。我发现当天晚上的山楂蛋糕特别好吃，想到太太也爱吃蛋糕，便订了一个同样的蛋糕给太太。回家后，我告诉太太我给她订了一个水果蛋糕，她很开心。

次日，我正与朋友兴高采烈地聚餐时，太太来电。我赶紧接听电话，以为她是要表达收到蛋糕的喜悦之情，然而，出乎我意料的是，她很生气地责问我："难道你不知道我不爱吃酸的东西吗？为什么要买山楂款的水果蛋糕？"

实话说，我真的没注意过，也许与我的天性有关，我以4-D系统中的蓝色天性为主导天性。结婚后生活在一起20多年，我们家的厨房工作主要是由我承担，我居然不懂太太的口味！问题到底出在哪里呢？

或许正是因为我们"认识"但不"了解"。

1.3.2　4-D系统坐标及人类的4种最基本需求

人的思维决定行为，而决定思维的是人的潜意识/习惯里的意识。所以，了解人的需求/天性很重要！

查理博士参考心理学家荣格对人的心理分类的两个维度建立了4-D系统坐标，显现看不见的社会场域及其决定因素——人的天性。同时，把人的天性和团队文化的类型分为绿、黄、蓝、橙4种，因其分属4个象限，简称4-D，如图1-3所示。

图 1-3 4-D 系统坐标及人类的 4 种最基本需求

每个人都有 4 种最基本的需求，这是与生俱来的，如下。

每个人都需要感受到"欣赏和感激"——绿色的培养型（Cultivating）需求。

每个人都需要感受到"归属感"——黄色的包融型（Including）需求。

每个人都需要有"充满希望的未来"——蓝色的展望型（Visioning）需求。

每个人都需要具有"适度回应的能力"——橙色的指导型（Directing）需求。

1.3.3 判断天性类型的 4 个步骤

依托 4-D 系统，查理博士设计了两张简单的测评表，用于判断一个人的天性类型，也是其领导力风格类型。判断过程分为以下 4 个步骤。

步骤 1：划勾——快速地在更符合你的决策方式对应的表格中划勾，见表 1-1。

表 1-1 你的决策方式

情感型决策，我——	划勾处	逻辑型决策，我——
认为和谐是很重要的东西		认为和谐是达到目的的一种手段
喜欢根据"感觉对不对"做事		喜欢根据"合理不合理"做事
以"人"为首要考虑因素		以"事"为首要考虑因素

续表

情感型决策，我——	划勾处	逻辑型决策，我——
以保持和谐关系为重		以遵守正确路线为重
倾向于通过达成共识来决策		倾向于根据自己的想法来决策
首先相信自己的内心		首先相信自己的头脑
不能容忍冲突对立		能够容忍冲突对立
情感型决策—合计：		**逻辑型决策—合计：**

圈选划勾数较多的一边，即可判断你的决策方式倾向。

步骤2：划勾——快速地在更符合你的信息获取方式对应的表格中划勾，见表1-2。

表1-2　你的信息获取方式

直觉获取信息，我——	划勾处	感觉获取信息，我——
依靠个人内在感觉		依靠个人观察
更多地考虑"可能会是什么"		更多地考虑"是什么"
偏好创造		偏好常识
倾向于依据灵光一现的洞察力做事		倾向于依据仔细分析做事
喜欢研究概念		喜欢研究事实和数据
注重全局考虑		注重细节
喜欢宏观想法		喜欢既成现实
直觉获取信息—合计：		**感觉获取信息—合计：**

圈选划勾数较多的一边，即可判断你的信息获取方式倾向。

步骤3：根据表1-1和表1-2中的圈选结果，把4个数字分别填写在图1-4中坐标轴顶端的"（　）"中。

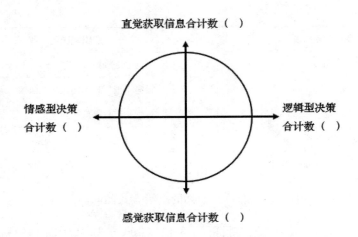

图1-4 天性分析展示

步骤4：识别自己的主导天性类型。把坐标轴顶端的数字相加之和分别填写在坐标轴夹角所在的象限中，这样，每个象限中各有一个数字。每个人天生有4种最基本的需求/天性，数字最大的象限所代表的需求/天性最强烈，这个最强烈的天性就是测评者的主导天性。

查理博士关于人的4种最基本需求的论述，是笔者喜欢4-D系统的第一个理由，它让我顿悟，内在需求有4个方面，无论缺了哪个方面，作为个体的我们都会不安宁，而4个方面中，需求最强烈的方面需要优先被满足。同理，如果我们无法用别人最需要的方式去满足他，人际关系必然出现问题。以我和太太的相处为例，我以蓝色天性为主导天性，以事为主，关注点在事与理上，喜欢独立面对世界与展望未来，所以天生对人际关系的敏感度不高。如果早一点意识到自己的天性特点，我就能够在一个有效的体系的指导下培养自己对人和细节的敏感，优化行为，对太太的了解就会更多，爱就可以得到有效的体现，不至于像前文提到的订蛋糕的故事一样，弄巧成拙。

此外，4-D系统也让我对自己的潜能充满期待，因为大多数人只是在最强烈的一种天性方面有所表现，也就是说，大多数人只实现了天性潜能的25%。如果我们能够开发其他3种天性，我们的绩效就会随着我们的4-D满足程度呈现出

50%（2-D）、75%（3-D）、100%（4-D）的达成或改进。

通过关注这4种天性，我们能够更好地管理自己的情绪、提高决策质量、找到更多动力，进而提高实现个人目标和职业目标的概率，激励自己超越平凡，充分释放内在潜力，取得更为卓越的成就。

1.4 4-D 系统的原理

在过去的 10 余年中,通过自我的不断修炼,以及在多家企业中的实践研究,笔者将 4-D 系统的核心原理总结为 8 条,如图 1-5 所示。

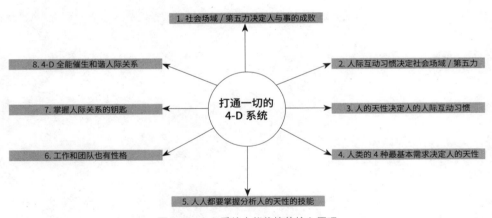

图 1-5 4-D 系统全能修炼的核心原理

第一个原理至第四个原理主要用于明确决定团队绩效、人际关系的因素,属于"知"的范畴。简言之,若不知道社会场域及其决定力量,或者知道但没有、没能有效地管理它,由人组成的团队大多充满了对立和冲突,容易出现不和谐的氛围,这样的团队,效能和效益必然大打折扣。4-D 系统能有效地解决以上问题,实现个人和组织的高绩效。

知道很重要,比知道更重要的是做到所知道的。4-D 系统是如何做到有效解决人际冲突问题的呢?第五个原理至第八个原理从行的方面入手提出了解决方案,帮助我们解决人际冲突,达到人际和谐。

1.4.1 社会场域/第五力决定人与事的成败

4-D 系统的第一个核心概念，或者说认知，就是社会场域/第五力，这是 4-D 系统被创建的源头。

查理博士在 NASA 工作的经历让他深刻地意识到，一群高智商的一流科学家和工程师并不能保证工作的成功，相反，还可能造成灾难性的失败。比如，1990 年，哈勃太空望远镜的球面像差。

查理博士研究了很多商界人物的奋斗史，比如杰克·韦尔奇（Jack Welch）、比尔·盖茨（Bill Gates）等，并认真分析了詹姆斯·库泽斯（James Kouzes）、巴里·波斯纳（Barry Posner）等领导力领域权威教育专家的理论，及盖洛普咨询公司的调查研究等，他发现成功因素因人而异。

作为天体物理学博士——讲求实证的科学家，他开始对领导力进行物理学家风格的严谨探究。最终，他发现有一种人为力量在控制团队氛围，进而影响团队成员的表现及其业绩，这个力量就是社会场域，查理博士把它称为弱力、强力、重力、电磁力这 4 种自然力量以外的第 5 种力量，简称第五力。也就是说，在团队/组织中的成员的智力因素相差无几的情况下，决定成败的关键因素是人为的社会场域/第五力。

如何理解社会场域/第五力？物理学中，力是使物体改变运动状态或产生形变的根本原因。力是物体对物体的作用，不能脱离物体而单独存在；两个不接触的物体之间也可能产生力的作用；力的作用是相互的。也就是说，力产生的条件有两个：一是必须有两个或两个以上的物体；二是物体间必须有相互作用（可以不接触）。

根据这个原理，两个人相处时，或者两个以上的人组成团队后，人际互动就会有作用力和反作用力的产生。所谓"礼尚往来""投桃报李"，说的就是这种人与人之间的社会场域/第五力。

既然社会场域/第五力决定人与事的成败，那么，社会场域/第五力是由什么决定的呢？

1.4.2　人际互动习惯决定社会场域/第五力

人是群居动物，通常情况下，孤独无援的人是难以在社会中生存的。在与他人相处的过程中，每个人对待别人的方式，大概率会影响对方以同样的方式来对待自己，正所谓"别人怎么对待你，都是你教的"。

在一个团队中，团队领导者对待团队成员的方式，以及团队成员对待彼此的方式，会逐渐形成团队内约定俗成的为人处世的方式，从而构成团队的社会场域/第五力。团队的社会场域/第五力会反过来约束、影响每个团队成员的行为。比如，喜欢批评下属的领导会逐渐拥有一个喜欢互相批评的团队氛围，这种团队氛围必然导致团队成员不开心，甚至逐步缺乏创新力。根据 4-D 系统，我们知道，指责和批评违背了人类"感受到欣赏和感激"的第一需求和人类迈向目标的正能量需求，这种社会场域/第五力是非良性的。

那么，决定社会场域/第五力的人际互动习惯是由什么决定的呢？

1.4.3　人的天性决定人的人际互动习惯

性格，指的是一个人内在的思维、情绪和外显的言行模式/倾向。如果把人比作电脑，天性就是人的底层操作系统，它会决定人的人际互动习惯。若没有经过相关的系统训练，绝大多数人是按照天性活着的，至少在压力状态和放松状态中是如此。

强调认知天性的意义在于，我们要明确自己的优势和劣势，扬长避短、取长补短，而不是无知地用自己的劣势去挑战他人的优势。

相对于天性，人还有被后天环境影响而成的性格。比如，我们学会了在不同社会场景中和不同的人互动要有不同的行为，即 4-D 系统提出的人要根据外在的需要调适自己，以匹配他人和工作。无独有偶，李海峰老师也在 DISC 课程中强调了行为风格的调适力。

知天性，不是为了不作为，或者做一个无所作为的宿命论者，而是为了学会因地制宜、因人而异地及时调适自己的言行。正所谓"识时务者为俊杰"，从这个意义上说，人生修炼的目的其实就是知己解彼、知人善用，实现人际关系和团队关系的和谐，避免无知地任凭天性操控自己、一意孤行，让自己不开心、让别人不舒服。

既然天性这么重要，那么，天性是由什么决定的呢？

1.4.4 人类的 4 种最基本需求决定人的天性

什么是人类的最基本需求？就是 4-D 系统中绿、黄、蓝、橙 4 种需求。因为绝大多数人没有经历过有效的天性和行为风格调适训练，而每个人的主导天性是不一样的，所以，人际关系天生是冲突的。因此，我们需要人生修炼。

什么是人生修炼？人生修炼就是让自己兼备 4-D 系统中 4 种天性的长处，即查理博士所说的 4-D 全能。

领导者很重要的责任和职能之一是激励人心，激励就是满足人的动机和需求。4-D 系统帮助我们拥有了认清人的最基本需求的能力，显然是让我们掌握了激励人的诀窍。因为认清了人的最基本需求，就能表现出他人所需要的言行。这也是 4-D 系统能够有效处理人际关系和有效激励他人的本质原因，它能更有效地实现团队成员的高绩效管理，而不再是用简单、粗暴、冷冰冰的管理方式逼迫员工投入工作。

1.4.5 人人都要掌握分析人的天性的技能

4-D 系统的修炼始于对团队的社会场域的诊断，而团队的社会场域是由团队成员的个人行为风格决定的。所以，完成诊断后，团队成员需要一起做的第一件事是了解和分析每个人的天性，在此基础上，根据每个人的天性实现更好的人岗匹配。

怎样判断人岗匹配是否合理呢？一是审视个人与工作的匹配度；二是分析团队成员的天性组合是否适合当下团队的职责和重点工作的需要。只有做到知己解彼，才能扬长避短。

1.4.6　工作和团队也有性格

由人做的工作有性格，由人组成的团队也有性格（团队文化），所以，要明确工作/项目、团队的性格。

工作有性格，这是很多领导者常常忽略的。很多领导者以为一项工作，安排谁来做都可以，其实不然。4-D 系统提供了分析工作/项目、团队的性格的工具，即根据每项工作的关键行为、结果特征与 4-D 系统 4 个特质及其对应的 2 个行为习惯的符合度来分析判断工作/项目、团队的性格。对团队文化现状进行评估的工具是团队发展测评，即 TDA 测评，对团队成员满足 4-D 系统提出的 8 个行为习惯的现状进行诊断。具体操作，详见第二章中的"个人发展测评（IDA 测评）和团队发展测评（TDA 测评）"。

1.4.7　掌握人际关系的钥匙

4-D 系统鼓励坚持"先人后己，先人后事"的为人处世原则，即绿、黄、蓝、橙 4-D 流程，帮助我们根据外在需要，有意识地调整自己的行为风格，从而匹配外在的人与事的需要。

根据外在的人与事的不同社会场域，展现所需要的绿/黄/蓝/橙行为风格，让人与人、人与工作、个人与团队实现匹配，让自己的行为风格满足外在的人与事的要求，这样就能尽量避免发生冲突。合作水到渠成，做人和做事就顺心如意了。

1.4.8 4-D全能催生和谐人际关系

若每个人都能掌握绿、黄、蓝、橙这4种天性的行为风格，我们就能游刃有余地应对不同行为风格的人与事的要求，实现主观与客观的和谐相处了。和谐是4-D系统的着眼点和落脚点，是社会场域/第五力的核心价值。

要实现这种和谐，必须了解这4种天性所最关注的8个行为习惯，简称8B，如图1-6所示。

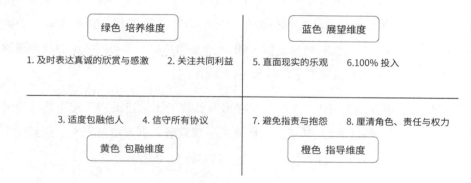

图1-6 4-D系统的8个行为习惯

社会场域是看不见的，但是直接影响社会场域的人的行为是可见的。8B是查理博士反复验证后确定的能够最有效地帮助人们满足4-D需求，进而实现人际和谐互动的行为习惯。用8个行为习惯来诊断团队的社会场域，同时修复团队的社会场域和个人人际互动中存在的问题（领导力问题），这是4-D系统大道至简、卓有成效的关键，因为它做到了表、本、药的一致。

8B之间存在层层递进、相互关联、相互影响的关系，尤其是坐标系中对角线上的两对行为。比如，第7个行为"避免指责与抱怨"做不好的个人或者团队，第1个行为"及时表达真诚的欣赏与感激"的评估得分通常也不会很高。

初步接触4-D系统的人大多会问一个问题：我如何做才能改善自己天性中最不足的行为风格呢？比如，我以蓝色天性、绿色天性为主导天性，最弱的天性是黄色天性，我应该如何强化自己的黄色天性的行为风格呢？答案很简单，即多观摩黄色天性强的人的言行举止，多尝试完成展现黄色天性的两个行为：第 3 个行为"适度包融他人"和第 4 个行为"信守所有协议"。从这方面来说，4-D 系统是以 8B 为抓手来改善个人人际互动习惯，进而改善团队的社会场域的。

为了让团队的社会场域达到 4-D 全能的状态，每个人的行为风格都需要符合 8B 的要求。为此，4-D 系统提供了个人发展测评，即 IDA 测评，其内容、结构与 TDA 测评相似。

总之，4-D 系统的本质是从团队的社会场域入手，用简单的 4-D 底层逻辑架构来诠释个人、工作、团队的风格分类，并用人际互动的核心流程（绿、黄、蓝、橙）和 4-D 系统的核心修炼流程 AMBR 诊断和修炼个人与团队影响社会场域的人类的 4 种最基本需求及其 8 个行为习惯（8B）。

团队的病根在个人身上。4-D 系统将出发点放于团队建设，其实质是从改进个人行为入手，兼顾团队及其成员的修炼，一箭双雕，事半功倍。为了达到这个目的，查理博士设计了一目了然的 4-D 系统落地流程和工具。

1.5　4-D 系统的核心修炼流程

AMBR 是 4-D 系统的核心修炼流程,也是其内容呈现的底层逻辑架构。查理博士诠释 4-D 系统的每一个知识点和技能时,都会应用 AMBR,其引以为豪的 4-D 教练工具——CSW(背景转变工作表,也有资料翻译为社会场或转变工作表),也是架构在 AMBR 之上的。

1.5.1　AMBR 是什么

AMBR 是由 4 个英文单词的首字母组成的,其具体的含义是一个人的关注点 A(Attention)和心态 M(Mindset,情绪+思维)会决定一个人的行为 B(Behavior),而行为会决定结果 R(Result),如图 1-7 所示。其中,最为关键的环节是管理心态(情绪+思维),因为心态是外显言行的生成器。

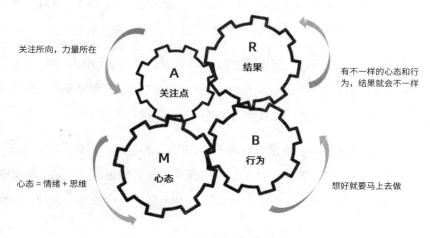

图 1-7　4-D 系统的核心修炼流程 AMBR

在 4-D 系统中，心态被简化成两个我们可以有效管理的部分：情绪和思维。

1. 情绪

作为高级哺乳动物，人不可避免地会有情绪，而且人的情绪反应比人的思维反应快得多。因此，我们需要养成觉察情绪的习惯。就情绪种类而言，人类拥有的 5 种基本情绪是喜、怒、悲、恐、爱，每当我们身处重要时刻或者感觉不舒服的时刻，都要问问自己：我现在正在经历的情绪是什么？

情绪是有信息和意义的，是有能量的，会驱动我们的思维和行为。比如，当我们走夜路时，突然遇到一只朝自己奔来的狗，我们感受到的情绪通常是什么？是恐。为什么会恐？因为潜意识告诉我们狗可能会伤人。有了这个情绪之后，我们就会思考该如何做。应该采取的正确行为是什么呢？是跑？如果采取了跑这个行为，带来的结果很可能是狗的追赶和伤人。显然，这是不正确的想法。这种不正确的想法在 4-D 系统中被称为红色的思维和语言。十字路口的交通指示灯显示为红色时，我们只能停下，同理，红色的思维和语言就是让我们无法直面并解决挑战或问题的思维和语言。

那怎么办？根据 4-D 系统，我们要发挥人的理性，学会转念，用理性的思维驾驭不当的情绪。

2. 思维

人不可能没有情绪，但我们可以训练自己，培养在不当情绪出现时有效管理不当情绪的能力。这种能力，就是人类独特的基于语言的理性思维能力。

4-D 系统把一个人面对挑战和问题时能够直面问题、能够依靠自己或者请求他人采取行动解决问题的愿意行动、愿意担责的思维和语言称为绿色的思维和语言，就像十字路口的交通指示灯显示为绿色时，我们可以大胆前行。

比如，同样是面对领导的批评，有的人的内心反应是："领导对我不好，只关注我的问题，我干脆'躺平'算了。"这显然是红色的思维。有的人则会想："领导批评我，说明领导在关注我，对我是有期待的，我应该感谢领导，跟领导沟通，了解领导的具体期待，明确自己的努力方向。"这样的思维显然是绿色的，因为它会驱动、孕育积极的情绪和与领导沟通的正确行为。

我们进行心态管理，就是要养成觉察自己情绪和思维状态的习惯，及时发现红色的思维和语言，转红为绿。这就是 4-D 系统提倡的"转念"的具体内涵和方法：红转绿。

由此可见，AMBR 不仅可以作为管理自己能量、情绪、语言和行为的工具，还可以用来复盘某个关键事件；不仅可以应用在工作中，还可以应用在生活中。

此外，查理博士还把 AMBR 作为一个绩效管理工具，总结出如下公式。

绩效 = 关注点 + 心态 + 行为 + 结果 / 目标

真正有效的绩效管理，不仅要清晰定义"结果/目标"，还要明确影响结果的"行为"。要确保个人或者团队始终如一地做出指向结果的行为，必须明确决定行为持续性和正确性的"心态"和"关注点"。遗憾的是，目前，职场中的管理行为更多地停留在对结果或行为的关注上。由于欠缺对心态与关注点的关注和管理，大多数组织的绩效表现不稳定或不理想。

从逻辑上看，AMBR 对中国当下绝大多数个人和组织的绩效管理有极强的指导性和针对性。所以，本书的主书名为"高绩效管理"。与传统的、只关注事情的管理方式不同，4-D 系统作为高绩效管理系统，主要关注对人的管理，尤其是对人际互动的行为风格的管理，兼顾对事的管理，以便实现"做事先做人，人事兼顾"的目标。

1.5.2　AMBR 的应用

如何有效应用 AMBR，让自己时刻做到转念——由负能量、情绪化状态转变为直面问题并采取行动解决问题的积极担责状态？需要注意以下 5 点。

1. 确保 A、M、B、R 这 4 个阶段的逻辑自洽

关注点（A）是人的情绪和思维的触发器，心态（M）则是缓冲器和行为生成器。最为关键的是心态（M）管理，在心态管理这个阶段，有 3 个关键步骤。

步骤一：觉察。当下的情绪和感受是什么？这个情绪和感受背后的想法、语言、原因／理由是什么？

步骤二：判断。当下的关注点（A）和心态（M）会导向什么行为（B）和结果（R）？这些行为和结果是自己想要的吗？符合 4-D 流程和 8 个行为习惯的要求吗？

步骤三：转念。若上述判断的结果是否定的，可以调整关注点（A），或者调整心态（M）。比如，从隐藏在不当情绪背后的负面思维和语言入手，红转绿，带动情绪的改善。调整心态（M）时，重点是要有能导向正确行为（B）的想法，进而让自己做出行为（B）改变，最终实现双赢或者多赢的结果（R）。

2. 围绕 4-D 系统的核心要求

从关注点（A）到心态（M），再到行为（B）、结果（R），最关键的是先改变自己，再体现绿、黄、蓝、橙的"先人后事"原则，以及"先满足他人需求"原则。

3. 行为（B）指的是 8 个行为习惯（8B）

先思考自己的做法是否满足 8 个行为习惯的要求，再考虑具体的行为，分为两种：自己去做，率先垂范；用 4-D 系统支持的方式请求别人帮忙。

4. 明确理性转念的关键点

有效转念，靠的是理性，具体来说，是达成合作和人际和谐的初心、信念和目标。归根结底，是一个人的认知系统，比如符合 4-D 系统要求的四观（人生观、世界观、价值观、工作观）、五大纪律（改变从自己开始、先人后事、先人后己、先处理心态再处理事情、不要搞权力斗争／没有权力更不要斗争）。

5. 确立 AMBR 情绪与能量的告警和管理机制

AMBR 的管理核心是管理自己受情绪或者天性操控的、会伤害合作和人际和谐的思维及行为。

我们要坚持不断地应用 AMBR，让自己的大脑有新的神经/记忆回路，把不习惯变成习惯，让习惯成自然，从而确立 AMBR 情绪与能量的告警和管理机制。每天坚持使用 AMBR 进行复盘，是养成时刻进行情绪、能量觉察与管理的习惯的有效方法。

4-D 系统的各部分内容都暗含着逻辑线，这就是 AMBR——人类认知和行为规律/模式。查理博士的著作 *How NASA Builds Teams* 是架构在这条逻辑线上的，全书从讲故事入手，创造感动，引发人们的关注（Attention）并改变人们的情绪和认知（Mindset），进而让人们自动、自发地行动（Behavior），获得好结果（Result）。

不管是在书中，还是在查理博士的工作坊中，讲述、介绍新的知识点/工具时，都遵循 AMBR。

1.5.3　有效应用 AMBR 的案例

笔者曾经与 4-D 系统的学员一起用 AMBR 修炼自己，坚持每天打卡近 600 天。下面分享两个应用案例。

1. 案例一

A 关注点：我多次询问某合作机构，周末的课程，培训对象具体是哪些岗位的人，机构答复："客户始终没确定，只是定了主题和内容。"

M 心态：惊讶 + 好笑。现在的企业 HR（人力资源岗的工作人员）居然还有这么工作的？我怎么办？惊讶、指责、抱怨均于事无补，还是做两手准备吧，确保自己能够灵活应对课堂上的各种问题。

B 行为：把相关主题的课件准备好，同时印制些关键内容的挂图，完成对交付的相关策略和教辅清单的准备。

R 结果：做自己可控的事，为学员着想，多付出一些也心甘情愿。

2. 案例二

A 关注点：晚上，我正忙于工作，太太突然打电话来，针对某事对我进行了批评。我本能地怼了回去，随即挂断电话。

M 心态：马上觉察到自己的失态，刚才的情绪是生气，现在的情绪是后悔。后悔没有用，应该反思一下事情是如何发生的，以后如何避免。这么一想，我释然了。

B 行为：复盘刚才的场景，我发现一个基本规律——当我专注于某件事时，如果突然受到干扰，尤其是来自太太的出乎意料的指责，很容易进入情绪状态。深层次的原因是对待太太没能做到相敬如宾。我顿觉惭愧，深感修养不够。

R 结果：找到了新的修炼方向——被太太打扰时，立刻停下手头的事情，做个场景转换，不要马上给反馈，同时，把与太太互动列为每天 AMBR 的重点内容。

第二章

4-D 系统在企业中的应用

企业生存和发展的出发点和落脚点是效益,即我们常说的绩效。4-D系统打造卓越团队的目的是让团队进入高绩效、低风险的社会场域。

传统管理是计划(蓝色)、执行(橙色)、检查(黄色)和改进(绿色),其起点是关注事的计划(蓝色),焦点在于关注事的执行(橙色)。这种只关注事的传统管理显然无法适应数字化时代的需要。诞生于工业文明时代的科学管理需要升级为人和事兼顾、宏观和微观兼备的4-D高绩效管理,兼顾绿、黄、蓝、橙4个方面,且先人后事。

本章将介绍4-D工作坊的内容、流程,以及4-D系统在项目团队、创业团队、部门和公司中的应用。只要管理层足够重视,4-D系统一定能有效改善管理团队的领导力、团队的绩效、团队的文化与氛围,以及与合作团队的关系,对增收降本、提质增效有明显的帮助。

2.1 4-D 系统在企业中有效落地的关键认知

4-D 系统是一套用于卓越团队建设的可视化、可衡量、可管理的科学体系，是在实践和研究的基础上提炼出的一套集测评、工作坊和教练辅导于一体的解决方案。在 20 多年的企业实践中，4-D 系统不但帮助 NASA 上千个团队成功完成重要任务，还在世界范围内广泛应用，已被证实是一套卓有成效的改善组织文化、降低组织风险、提升团队绩效、提高客户满意度的组织干预系统。

为了确保 4-D 系统能够有效地帮助客户实现组织的快速进化和绩效的显著改进，掌握并认同以下 4 个认知至关重要。

2.1.1 4-D 工作坊是工学合一的行动学习项目

查理博士把他交付的 4-D 系统项目称为"工作坊"，而不是传统的"线下培训课"等。因为 4-D 系统是通过对人的关注点、心态和行为的有效管理和持续修炼，来达到团队协作心智模型的建立和习惯的养成，进而改善团队的社会场域的目的。所以，实施 4-D 工作坊时，必须和企业明确工作坊的预期目标与成效，以及实战修炼的内容与流程等具体事项，才能保证项目的有效性。详见附录 1《4-D 卓越团队与高效执行领导力行动学习项目建议方案》。

其中，必须满足的两个基本条件如下。

1. 参与人员必须是同一个团队的成员

工作坊的工作原理是通过优化团队成员互动的方式，实现个人和团队心智模式的改善，进而开启人的行为改变和 4-D 行为习惯养成的进程，所以，参与人员必须是同一个团队的成员。如果是跨团队的成员，要细分与实际工作团队组织设置一致的学习小组。

2. 工作坊的内容必须与小组成员的实际工作相关

工作坊现场的工作重点是引导学员应用 4-D 系统和工具解决他们实际工作中的具体问题，而不是仅仅交付 4-D 系统内容，因为这样才能确保工作坊现场的学员投入的主题与实际工作的一致性。

在工作坊现场，学员需要先从 TDA 测评结果中找出当下最需要解决的问题，再用这个问题串联所有的 4-D 系统内容。当然，更有效的做法是先聚焦一个团队实际工作中的难点问题，再应用 CSW 引导大家探索正确的思维、情绪和习惯。

只有做到以上两点，才能达到查理博士对 4-D 工作坊的定位和期许：解决传统培训班的学习内容和对象与工作脱离的问题，让 4-D 工作坊在成员和内容上与实际工作合一，将工作坊现场变成工作现场。

4-D 工作坊的作用如同中医院的医生和门诊的作用。4-D 导师/教练如中医师，通过望、闻、问、切，引导患者（学员）自己找到问题的症结所在。所不同的是，在 4-D 工作坊，学员要服用的药的药方，是根据 15 个问题，由学员自己找到的能解决具体问题的、有针对性的答案。比如，在探索第 1 个行为习惯"及时表达真诚的欣赏与感激"时，学员需要自己寻找欣赏的/要感激的人、事和场景，并在现场与相关团队伙伴面对面地表达出来。如果相关团队伙伴不在现场，要有人确保当事人能够在工作坊后找到相关团队伙伴当面表达感激，或者用电子、书面的形式予以表达（这个形式尤其适合用于团队文化偏橙色的团队，或者个人主导天性为橙色天性的人初次践行这个行为习惯的场景，可作为临时破冰的方法）。

此外，为了确保对有限的工作坊时间的最佳利用，避免工作坊时间被知识点传授占用过多而没有时间探寻具体的、有针对性的行为方案，4-D 导师/教练需要在交付工作坊前增加以下举措，以提高学员的准备度和意愿度。

①请学员提前学习时长为 80 分钟的 4-D 系统入门视频课。

②请学员阅读查理博士亲自撰写的 4-D 系统介绍文章和 4-D 系统在中国应用的成功案例。

③组织学员参加 4-D 系统基础知识在线考试，建议考试成绩在 80 分以上的学员才有资格参加线下工作坊（考试题目见附录 9《4-D 系统基础知识试题》）。

④组织 TDA 测评，并在必要时撰写详细的诊断结果分析报告（详见附录 5《TDA 测评报告分析范文》）。

为了让学员更高效地投入自我觉察、反思和共创，4-D 导师/教练需要提前设计并打印学员练习手册（详见附录 8《4-D 卓越团队领导力工作坊学员练习手册》）。

2.1.2 4-D 工作坊不是一锤子买卖

把 4-D 工作坊当成一锤子买卖的培训班是无法获得预期成效的，严重时甚至会破坏 4-D 系统的口碑。向客户交付 4-D 系统并达到客户预期的效果，需要有一个长期坚持的过程，并制定闭环辅导机制（详见附录 2《4-D 卓越团队建设行动学习项目闭环辅导指导书》和附录 6《4-D 系统项目领导力实战工作坊实施日程表范例》）。

4-D 系统是一个系统，其应用目的是改善个人和团队的心智模式，养成符合 4-D 系统要求的思维模式和行为习惯。新的思维模式、行为习惯的养成不是一朝一夕之事，而且，团队的社会场域很容易受团队负责人变化、工作内容或公司战略改变等因素的影响，因此，4-D 导师/教练需要与客户达成共识——工作坊之后，参与者需要坚持每天应用 4-D 系统并打卡分享，以营造构建新的心智模式的团队的社会场域。通常，4-D 导师 / 教练会建议客户至少坚持应用 4-D 系统 21 天，同时，定期开展 TDA 测评，及时了解团队状态，尤其是在重大项目实施过程中。

就像人总会生病一样，如果不坚持对 4-D 系统的修炼，团队的社会场域很可能会出现问题。人要健康、长寿，就需要坚持身体锻炼、心智修炼；团队要卓越、高绩效，就需要坚持对 4-D 系统的修炼。

2.1.3　4-D 工作坊是"一把手工程"

应用 4-D 系统有一个很重要的前提，就是坚信改变从自己开始。在组织中，要想做到人人都愿意从自己开始改变，毫无疑问，高管要带头改变。

4-D 系统着力于改善团队的社会场域。"场域"，也可以用大家熟知的"文化"这个词来替代。有人说，企业的文化就是老板的文化。由此可见，公司"一把手"对团队文化的建设起着决定性作用。因此，实施 4-D 系统项目时，必须跟公司"一把手"反复沟通、明确成功实施 4-D 系统项目所需要的领导和组织的具体支持。同时，要求公司"一把手"和高管团队成员自始至终地参与 4-D 系统项目的所有活动，而且要以身作则、率先垂范。

为了确保做到这一点，通常，4-D 导师 / 教练要在启动项目之前与公司、部门、项目团队的"一把手"进行至少一次的直接沟通，达成相关共识。同时，在完成 TDA 测评后，4-D 导师 / 教练要与包括"一把手"在内的公司高管团队进行至少一次的直接报告，在高管团队中达成一致认知。

2.1.4　4-D 工作坊的有效落地需要制度支撑

管理大师德鲁克说："如果无法进行清晰的定义，就无法开展有效的衡量。如果无法开展有效的衡量，就无法进行有效的管理。"

人们通常会优先做被检查和有奖惩的事情，所以，和其他经营管理系统建设一样，4-D 系统要想在企业中落地并有所成效，需要客户在管理制度上予以支持。4-D 导师/教练通常会建议客户做制度性配套——给客户提供在企业开展 4-D 卓越团队建设的相关制度参考文本，让客户据此修订适合自己企业实际情况的文件，正式下文启动 4-D 卓越团队建设（详见附录 3《关于在 ×× 公司深入开展 4-D 卓越团队建设的通知》）。

为了更好地激励员工参与践行 4-D 系统，需要公司制定激励机制，核心内容包括但不限于：每周及每月对各团队和团队负责人每天践行 4-D 系统并进行文字分享的情况进行通报，前期只奖不罚，先激励做得好的团队和团队负责人；设置专项奖励金，表彰 4-D 卓越团队建设的先进团队；将 4-D 卓越团队建设作为年度个人和团队评先、评优的重要依据之一，或者作为同等条件下的优先条件；把践行 4-D 系统作为选拔和评估管理者的标准和手段之一。

此外，合格的 4-D 导师/教练是 4-D 系统在企业中有效落地的杠杆。从某种意义上说，没有正确的引导，工作坊就会沦落为传统培训课，无法实现改善团队绩效和个人心智模式的目的。因此，查理博士对 4-D 导师/教练提出了培养、提升和认证的要求，以确保 4-D 系统项目的有效落地。

2.2　4-D 工作坊的四大内容

4-D 工作坊是一个行动学习项目，4-D 导师/教练扮演的是引导师、催化师的角色，工作坊具体的输出内容主要是由学员共商出来的。为了让 4-D 导师/教练更便捷地交付工作坊，查理博士设计了一个大道至简的 4-D 工作坊流程，把 4-D 系统的所有内容都浓缩在了这个流程中。

这个流程包括四大内容，如图 2-1 所示。

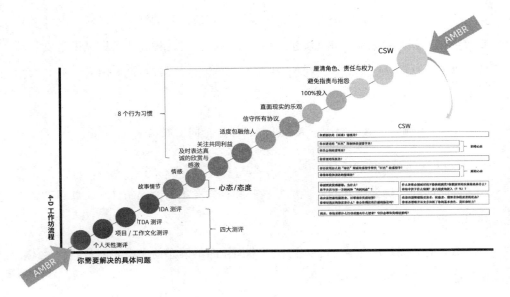

图 2-1　4-D 工作坊流程

2.2.1 四大测评

测评是管理学员关注点的有效工具,可类比为一个人因身体不适前往医院时首先要做的相关检查。查理博士反复强调不要把 4-D 系统的相关测评做成性格分析,否则就会本末倒置。社会场域是本,其他因素都是支撑这个本的末。

1. 测评类型

四大测评包括个人天性测评、项目/工作文化测评、TDA 测评和 IDA 测评。必要的时候,4-D 导师/教练可以在工作坊现场用无记名投票的方式进行简易的 TDA 测评和 IDA 测评,以了解团队和个人,尤其是团队负责人的表现。

① 个人天性测评。其应用有 3 个,一是人岗匹配;二是团队天性分布分析;三是人际匹配。

② 项目/工作文化测评。其主要用于人岗匹配、人与项目利益相关方的风格匹配。

③ TDA 测评。其应用有 3 个,一是了解目前团队的社会场域是否与团队现阶段的任务匹配;二是了解 8B 养成的强弱分布;三是找到改善团队的社会场域的突破点(从团队成员在 TDA 测评中填写的"团队亟待改进的 8B 行为建言"中获取)。

④ IDA 测评。其主要用于人岗匹配和 4-D 全面发展。

2. 工作风格分析与人岗匹配

人岗匹配是确保团队的社会场域良好和良性竞争的前提条件,主要包括个人和团队两个方面。

个人的人岗匹配包括一个人初任一个岗位时的静态的人岗匹配和遇到具体工作任务或项目时的动态的人岗匹配。

团队层面的人岗匹配包括团队负责人的人岗匹配和团队整体的人岗匹配。团队负责人在自己分析自己的天性、现在的行为风格与现在的工作/任务的行为风格是否一致的同时，还要与直接上级和同级做沟通，因为人际关系的根本不是自己认为如何，而是别人的感受。遇到新的工作/任务时，每次都要重新进行一致性分析和必要的调适。团队整体的人岗匹配，可以从团队伙伴的天性分布和 TDA 测评的结果入手做分析。

在工作坊中，4-D 导师/教练通常会邀请一个学员，结合其目前的岗位/任务，为大家展示个人人岗匹配分析的流程和方法。具体做法有以下 8 个步骤。

① 邀请其说出目前岗位/任务最主要的 KPI（关键绩效指标）。

② 邀请其说明完成以上 KPI 所对应的关键工作事项。

③ 邀请在场的其直接上级和工作流程相关伙伴对以上两个内容进行确认。

④ 邀请其与伙伴一起对所有关键工作事项进行绿色、黄色、蓝色、橙色上色，统计各种颜色的数量，进而确定其岗位/任务的主导工作风格。

⑤ 邀请大家一起用 4-D 系统的 4 个天性特点对以上分析出来的岗位/任务的主导工作风格进行确认。

⑥ 邀请其对自己的天性与当下岗位/任务的主导工作风格进行匹配分析。

⑦ 必要的话，邀请大家对其展示出来的 8 个行为习惯进行评估，确认其在当下工作场景中呈现的实际天性是否与工作需求匹配。

⑧ 邀请其对自己的人岗匹配情况进行总结，若不匹配，提出人岗匹配策略：调整岗位，或者调整行为风格。

3. 业务管理员人岗匹配实例

该实例主体是一位市级分公司政企渠道部的业务管理人员，以下将从 KPI 及其工作内容、关键工作清单及其行为风格两方面入手，对其进行个人与岗位匹配度分析。

① KPI 及其工作内容：基础绩效 + 重点工作 + 核心指标。

基础绩效 70 分：政企渠道的数据分析和应用，包括政企营销工作（4G 升 5G、来电名片）的目标数据挖掘、空间库的补充完善（提供上网爬取的单位数据）、集团网的特征及流失分析等。

重点工作 20 分 + 核心指标 40 分：两项 KPI 均与政企集团网 4G 升 5G 工作紧密相关（挂钩政企 / 商客营业部的主卡 4G 升 5G 数量），包括政企集团网 4G 升 5G 目标用户数据挖掘及下发、政策及迁转策略制订、问题分析及改进建议等。

②关键工作清单及其行为风格分析。

- 政企营销工作（4G 升 5G）的目标数据挖掘及下发（橙色）。
- 政企集团网 4G 升 5G 政策及迁转策略制定（蓝色、橙色）。
- 协调省政企部、市场部、各地市分公司（黄色），组织政企集团网 4G 升 5G 的营销工作（蓝色、橙色）。
- 政企集团网 4G 升 5G 工作中存在的问题的分析总结（橙色），提出改进建议（蓝色）。
- 政企方的其他数据分析工作（橙色、黄色）。
- 政企空间库的补充完善（橙色、黄色）。

③个人分析及匹配度。

- 个人天性风格：通过个人天性测评可知，该业务管理人员的 4 个天性风格得分分别为（蓝）10、（绿）7、（橙）7、（黄）4。
- 岗位 / 任务所需要的风格：根据关键工作清单及其行为风格分析结果可知，当前工作需要的 4 个行为风格的数量分别是（蓝）3、（绿）0、（橙）4-2、（黄）1-3（当数字为 X-Y 时，X 为第一位需要，Y 为第二位需要）。

④结论：岗位 / 任务需要的主导工作风格是蓝（3）、橙（4-2），该业务管理人员的个人主导天性是蓝（10）、橙（7）。虽然岗位 / 任务需要的主导工作风

格的蓝色第一位需要为 3，少于橙色第一位需要（4），但是蓝色与岗位关键业绩指标 4G 升 5G 相关，权重更大，所以岗位/任务需要的行为风格首先是蓝色，其次是橙色。这位业务管理人员以蓝色天性和橙色天性为主导天性，人岗匹配度较高，其胜任现在岗位/任务的挑战是加强黄色维度的行为风格，要有意识地在需要的场景中调适出黄色风格——这恰恰是以蓝色天性为主导天性的人的弱势，需要其刻意练习。

2.2.2 心态/态度管理

心态/态度管理主要培养的是个体和团队有效行为的情绪和思维方式。

在工作坊中，4-D 导师/教练会引导学员共同探讨卓越领导身上的特点。归纳起来，这些特点绝大多数与心态和态度有关。也就是说，成为卓越领导的关键和核心在于拥有良好的心态和态度，心态是行动之母。

外显的言行取决于内在的情绪和思维，而人们常常本能地被情绪驱动。在觉察和修炼决定人际关系和团队的社会场域的 4-D 系统独有的 8 个行为习惯之前，要改变心态/态度，即行动学习特别关注心智模式。

4-D 系统把复杂的心态和态度简化为情绪和思维这两个可以管理的要素，并提供了一个极简的"红转绿"管理工具——AMBR。该工具同时是能量管理工具。正如管理大师德鲁克所说："作为一个领导，你的最优先的、最重要的工作是对自己的能量负责，然后帮助你周边的人协调好能量。"

在工作坊现场，4-D 导师/教练通常会先引导学员反思并写出他们当下具体的情绪，再应用 AMBR 进行针对心智的有效管理。

2.2.3 8 个行为习惯的学和习

4-D 系统是一个领导力系统，其所诊断和修炼的内容是 8 个行为习惯，因为行为导致结果。

要想做到 4-D 全能，培养有活力、协作力、驱动力和结果力的 4-D 团队，我们需要打造具备以下 8 个具体特点的团队的社会场域，如图 2-2 所示。

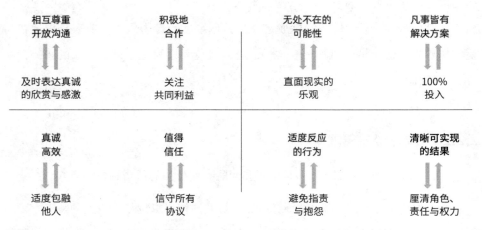

图 2-2　4-D 系统的 8 个行为习惯及其带来的场域

8 个行为习惯对应的 8 个场域分别是绿色维度的相互尊重与开放沟通、积极地合作；黄色维度的真诚高效、值得信任；蓝色维度的无所不在的可能性、凡事皆有解决方案；橙色维度的适度反应的行为、清晰可实现的结果。

2.2.4　应用 CSW（背景转变工作表）解决具体工作问题

CSW 是 4-D 工作坊真正有效的关键所在。4-D 导师／教练可以应用该表，引导学员一起探讨每个问题的答案，达成共识并整合成工作坊结束后在实际工作场景中应用的行动学习计划。CSW 如图 2-3 所示。

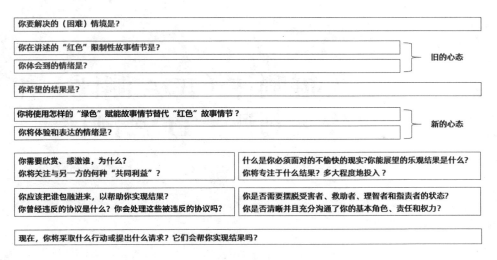

图 2-3 CSW

在 4-D 工作坊中，各流程的交付和研讨都遵循 AMBR 这个底层逻辑结构。实际上，实施由实际工作问题驱动的 4-D 工作坊时，4-D 导师/教练引导学员开展行动学习的每个环节及其具体的关键点所遵循的流程和工具都是基于 AMBR 结构的，整合了 4-D 系统核心内容的 4-D 教练工具 CSW 也是基于 AMBR 结构扩展的。

引发学员的关注，让学员管理好自己的心态，进而做出正确行为，获得预期的结果，这是 4-D 导师/教练确保工作坊流程顺畅和完成闭环的全流程。

2.3 个人发展测评（IDA 测评）和团队发展测评（TDA 测评）

4-D 系统的 IDA 测评和 TDA 测评分别用于对个人和团队践行 4-D 系统提出的 8 个行为习惯的现状进行诊断。

2.3.1 个人发展测评（IDA 测评）

每个行为习惯测评都有独立的模板，以第一个行为习惯"及时表达真诚的欣赏与感激"的行为规范为例。

行为规范说明：团队成员要达到这个行为规范，向他人表达欣赏与感激时应该做到 Habitually（习惯性地）、Authentically（真诚地）、Promptly（即刻地）、Proportionally（适当地）、Specifically（明确地）。我们简称其为"HAPPS"。

现状评估：我们团队的行为（　　）。

评估选项：①完全达到规范标准；②通常达到标准；③偶尔达到标准；④从未达到标准；⑤不知道。

根据测评结果，我们可以对个人天性、团队与实际工作风格／文化和个人现实表现进行两两对比，找出不一致之处，为个人和团队 4-D 行为改进管理提供行动依据。

如图 2-4 所示，左侧图是林健老师早期的个人天性测评结果，其天性是蓝绿主导型天性；中间图是其所属团队与实际工作风格/文化，以包融黄为主导；右侧图是其进入该团队一段时间后的 IDA 测评结果，呈现以黄蓝为主导的行为风格。这说明，他在工作中强化了自己天性最薄弱的黄色行为风格，同时，蓝色行为风格依然很明显（次高），因为江山易改，本性难移。

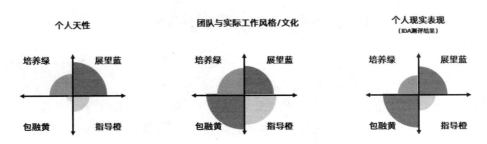

图 2-4　个人天性测评、IDA 测评及其结果应用

为什么会有如此大的变化呢？

首先，多年坚持学和习 4-D 系统后，林健老师会刻意关注他人的感受，更多地耐心倾听、委婉沟通，所以包融黄有显著强化。其次，中间图"团队与实际工作风格/文化"是林健老师对所属团队认知的呈现，他的岗位是专业公司非业务的领导岗位，需要他强化自己适度包融他人和信守所有协议的行为。最后，他供职的公司是一个专业公司，公司文化常年以黄色和橙色为主导，这也是促使他行为风格锐变的原因之一。

4-D 系统的应用可以帮助每个人成为更美好的自己，获得 IDA 测评的明显进步，主要体现在两个方面、10 个应用中。

1. 本色独处——照顾好自己

① 做个人天性测评，扬长避短，善待自己。独处时，天性没有好坏之分，通过测评了解自己的主导天性后，按照本色做自己，只要自己舒服、怡然自得就好。

② 选择顺应天性、天然胜任的工作。用 4-D 系统分析自己的天性，选择顺应天性的工作，让自己的行为风格自然而然地匹配工作。如果暂时无法选择顺应天

性的工作，那就尽量调适自己的行为，匹配工作的要求。

③ 做 IDA 测评，明确努力方向。找到自己的 8 个行为习惯中薄弱的行为项，逐一刻意修炼，让自己 4-D 全能，更全面地成长。

④ 善用 4-D 系统谋事。应用 AMBR、CSW 谋划重要工作，让自己做到主动担责、人事兼顾、宏观微观兼备。谋全、谋定而后动，工作、人际互动更容易成功。

2. 角色相处——赋能他人

① 用 4-D 系统读懂需要相处的人，选对人。养成主动分析相处对象天性风格的习惯，让自己的行为风格匹配对方的需要，做到让人舒服，互动和谐。此外，招聘团队伙伴时，要考虑天性风格的影响。

② 用 4-D 系统帮助团队伙伴胜任工作，提高人力资源的投入产出比。提高工作效能，实现团队伙伴人岗匹配，达到工作事半功倍的效果。

③ 做 TDA 测评，校准团队文化结构，确保团队风格促进（而非阻碍）团队工作和任务的高效完成。

④ 实践 4-D 工作坊，强化团队的社会场域。通过组织团队伙伴共同体验 4-D 系统的好处，帮助大家聚焦短板行为，加速改善团队的社会场域，确保团队高绩效、低风险。

⑤ 社群打卡分享修炼 4-D 系统的 8 个行为习惯，打造线上线下双轮驱动、赋能的 4-D 场域，增加团队人人践行 4-D 系统的动能。

⑥ 用 4-D 系统打造和谐氛围。在团队沟通中鼓励和强化应用 4-D 系统，持续赋能团队和谐与协作，优化团队效能和绩效。

2.3.2 团队发展测评（TDA 测评）

在 4-D 系统的实操方面，与团队有关的分析包括两个部分，一是在 4-D 工作坊中统计、分析团队伙伴的天性分布；二是开展 TDA 测评，由认证的 4-D 导师/教练辅导团队负责人解读报告并由其向团队伙伴解读报告。

如图 2-5 所示，是一个从传统外贸工艺品制造出口企业向国际户外家具互联网企业转型的企业中的高管团队的 TDA 测评及其结果应用。

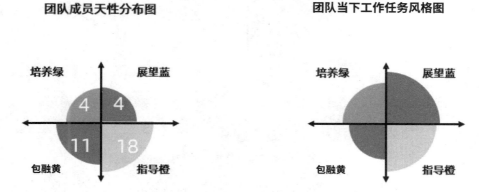

图 2-5　TDA 测评及其结果应用

图 2-5 中的左侧图显示的是团队成员的天性分布。该分布表明这个团队更关注事，尤其关注结果的完美（以橙色天性为主导天性的成员最多）；同时，团队关注细节、谋定而后动的特征明显（以黄色天性、橙色天性为主导天性的成员远多于以蓝色天性、绿色天性为主导天性的成员）。显然，这是一个适合完成传统的执行和制造类任务的团队。

图 2-5 中的右侧图显示的是转型后团队工作任务所需要的团队文化风格。团队需要进行的调整是强化蓝色文化和绿色文化，尤其是蓝色文化，因为企业的业务包括在线销售。

接下来，我们分析此团队实际工作中呈现的团队行为风格，如图 2-6 所示。

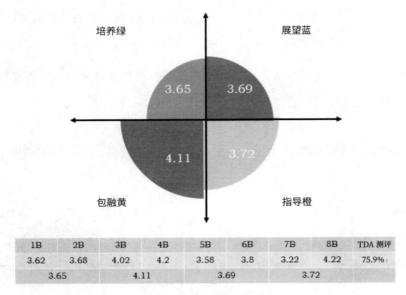

图 2-6 TDA 测评与 8 个行为习惯对应图

1B	2B	3B	4B	5B	6B	7B	8B	TDA 测评
3.62	3.68	4.02	4.2	3.58	3.8	3.22	4.22	75.9%
3.65		4.11		3.69		3.72		

从图 2-6 中不难看出，这个团队更关注人，和谐和开心是这个团队的主基调，团队行动偏谨慎。与图 2-5 中的右侧图——实际工作任务所需要的团队文化风格进行比较，显然，这个团队的团队行为风格需要调整。一是蓝色风格不够明显，低于 75% 的及格线，需要加强；二是橙色风格也需要加强，因为转型后的该企业是一家整合全球资源的企业，尤其需要基于流程和制度保障的高效和高品质。

4-D 系统的全面应用可以助力团队建设和绩效提升，实现 TDA 测评的明显进步，主要体现在 3 个方面、13 个应用中。

1. 面上号召，鼓励先进

① 制度先行。制定并下发 4-D 团队建设制度，将团队测评列入绩效考核加分项。

② 领导带头。领导带头践行 4-D 系统，并进行点评鼓励、红包激励。

③ 责任到人。设立公司、团队 4-D 系统践行项目经理，通常由人力资源开发岗的工作人员担任。

④ 营造氛围。开展全员践行 4-D 系统社群打卡活动，组织定期通报，营造比、学、赶、超的氛围。为了增加仪式感，提高学员的投入度和承诺重视度，4-D 导师/教练通常还会请学员基于志愿签订《4-D 系统知行合一承诺书》（详见附录 4）。

⑤ 读书看课。组织全员读 4-D 系统书，看 4-D 系统视频课，不断深化对 4-D 系统的认知和了解。

⑥ 只奖不罚。定期通报，奖励做得好的团队，鼓励先进，感召和影响观望者、跟进者。

2. 点上深入，榜样感召

① 树榜样团队。组织中高管先学、先行，给予坚持践行 4-D 系统的团队负责人带领其团队全体成员学习、践行 4-D 系统的特权。

② 案例编写和分享。个人和组织要有意识地编写成功践行 4-D 系统的案例，用成功的故事教育、感召和影响更多的团队和个人投入对 4-D 系统的践行，确保迅速实现 30% 团队成员投入 4-D 系统修炼的目标，进而激活团队践行 4-D 系统的引爆点效应。30% 团队成员投入践行 4-D 系统，这是 4-D 系统在一个团队中有效发挥作用的人数要求。

③ 将行为规范 4-D 化。及时共创针对本单位实际的、行之有效的 4-D 化工作行为规范，并将其文字化、可视化，让团队伙伴看得到、能理解、能做到。比如，有的团队组织员工编制了 8B 手语操，并制作成画报张贴在公司内部，让 8B 随处可见、可学。

④ 表彰先进团队和个人。要"定期"和"及时"相结合，表彰践行 4-D 系统、有效促进团队的社会场域建设和绩效提升的个人和团队。

3. 挂钩领导力建设

① 明确优秀的标准。明确地把践行 4-D 系统的优秀标准作为评选优秀团队、优秀管理者和优秀员工的标准。

② 作为表彰的依据。把践行 4-D 系统的过程和成效作为组织表彰的主要依据，做到业绩提升和软实力开发兼顾。

③ 同等优先评优。把积极、有效践行 4-D 系统作为年度评先评优、提拔任用的加分项。

2.4 4-D 系统项目化实施流程

要想在企业中有效实施 4-D 系统,需要把 4-D 系统按照一个项目来管理和交付。查理博士针对 4-D 系统的项目化实施制定了清晰的流程,如图 2-7 所示。

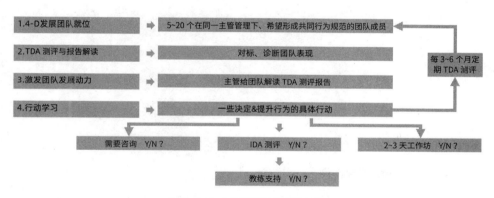

图 2-7 4-D 系统项目化实施流程

2.4.1 4-D 发展团队就位

在交付 4-D 工作坊前,有 3 个关键要素需要关注。

第一,团队负责人有强烈的建设 4-D 卓越团队的意愿。

第二,团队负责人和团队成员属于同一个真实的团队,即团队成员是团队负责人的直接下级,而且在日常工作中经常互动。

第三,团队成员的数量为 5~20 人,最好少于 15 人,但不能少于 5 人。

2.4.2 TDA 测评与报告解读

在团队成员都了解了 4-D 系统相关内容，尤其是 8 个行为习惯的内涵后，组织团队成员开展 TDA 测评。4-D 导师／教练要对团队进行诊断和对标分析，并用 4-D 导师／教练的方式与团队负责人沟通团队测评结果，帮助团队负责人了解团队发展的现状、掌握 TDA 测评报告的解读技巧。

2.4.3 激发团队发展动力

团队负责人向团队成员解读 TDA 测评结果，并通过对标分析，看到团队目前做得好的地方，同时觉察团队存在的问题，找到努力的方向，激发团队成员进一步发展团队的动力。

2.4.4 行动学习

团队成员共创出发展团队的一些决定、重点要改善的 8 个行为习惯及其改善举措等，同时做出相关判断。

1. 是否需要做管理咨询

如果团队测评得分率处于最低的分位段，即高风险、低绩效的 25%~50% 的分位段，说明这个团队的社会场域是不健康的、工作几乎是无效的。

出现这个结果，通常是因为团队中出现了导致团队不健康的 7 种根因问题，查理博士将其称为"团队 7 宗罪"：一是团队领导不称职；二是团队资源匮乏致使任务无法完成；三是项目采购环节出现了问题；四是团队与另一个组织机构进行权力斗争；五是团队所在的社会环境遭到了破坏；六是团队负责人的天性与工作岗位不匹配；七是团队的组织结构有问题。

在这种情况下，更有效的举措是做管理咨询。

2. 是否需要做 IDA 测评

4-D 系统认为，团队的社会场域是由团队负责人和团队成员的行为风格决定的。因此，为了更有效、更快地推进团队的社会场域的改善，需要决定是否对团队负责人等个人进行 IDA 测评，以了解其 4-D 全能养成情况。

3. 是否需要 4-D 导师 / 教练支持

一个人靠自己觉悟并快速行动改善自己的心智模式是有一定难度的，4-D 导师 / 教练可以很好地支持个人加速改善其心智模式。团队负责人和团队成员需要决定是否需要 4-D 导师 / 教练的支持。

4. 是否需要开展 2~3 天的 4-D 工作坊

如果团队目前正面临重大的工作任务等挑战，团队负责人和团队成员需要决定是否邀请合格的 4-D 导师 / 教练帮助开展 2~3 天的 4-D 工作坊——通过基于 4-D 系统流程的行动学习，快速找到改善个人和团队心智模式的具体行为、举措，让 4-D 团队的社会场域和个人行为风格助力应对重大的工作挑战，达到用 4-D 系统促进工作加速改善的目的。

5. 决定下一次进行 TDA 测评的时间

4-D 工作坊是否有效地改善了团队成员的心智模式，进而改进了团队的社会场域和绩效，除了直观感觉，定期进行 TDA 测评是一个有效的手段，能够有效地量化管理团队建设及其领导力。因此，团队负责人和团队成员需要决定下一次进行 TDA 测评的时间，这样，4-D 卓越团队建设就进入了以 TDA 测评为驱动的、项目化的良性循环。

2.5 团队激励与领导力发展

在竞争激烈的商业环境中，领导力提升对于公司的良性发展来说至关重要。世界 500 强企业、某通信运营商下辖的分公司——SS 分公司充分认识到这一点，以 4-D 系统为工具，成功推动了其管理团队领导力的提升。这一举措对 SS 分公司的绩效改进产生了积极的影响，使 SS 分公司更好地适应了快速变化的商业环境，取得了可观的成果。

2.5.1 项目背景

SS 分公司是世界 500 强企业、某通信运营商下辖的分公司，年收入几亿元。由于种种原因，曾经辉煌的 SS 分公司，在 2015 年之前的几年里，业绩一直位列区域倒数。

时任总经理的吴总经理到任两年多，SS 分公司的业绩没有明显改进。吴总经理分析认为，除了外部市场环境变化这一因素，内部中层管理团队的领导力不足也是影响公司业绩的关键因素，因此，SS 分公司需要尽快改善中层管理团队的领导力，特别是营销线领导者的领导力。

2015 年 10 月 10 日上午，SS 分公司吴总经理带领副总经理、本部机关部室经理和所有分支局长参加了为期半天的"4-D 卓越团队交互式培训"。

2.5.2 实施过程

此次项目的成功实施，得益于 SS 分公司的高执行力，以及公司管理层的全程关注及参与。为确保 4-D 系统在公司常态化推行，在 4-D 软实力开发中心的专家的指导下，SS 分公司正式下文组织开展 4-D 卓越团队建设，并下发了配套文件《关于开展 SS 分公司软实力体系提升"322 工程"的通知》（"322"，即 3 年内公司和员工做到双承诺、双提升），启动为期 3 年的"我与公司共成长"公司软实力体系建设专项行动。

实施过程主要包括以下几个环节。

1. 使用引导技术进行共创

先从"公司最关注的 3 件事情"入手，共创"工作氛围""个人能力提升""薪酬与福利"这 3 个关注点的相关内容，再结合事先对管理团队成员所做的 TDA 测评，达成薪酬从何而来的共识。在此基础上，导出助力团队有效践行"适度包融他人"这一行为习惯所需要的反思、沟通工具 ORID[1] 和团队共创 6 分步法工具。

此举有效管理了学员的关注点，同时通过实际案例研讨，让学员感受到了体验式学习的魅力，为下一步沟通信息化和知识服务业务打下了情感基础和思想基础。

完成以上工作后，吴总经理当即表示 SS 分公司要启动为期 3 年的"我与公司共成长"公司软实力体系建设，参训者不仅人手一本查理博士的著作 *How NASA Builds Teams*，还每周集中观看 4-D 系统授课视频。同时，参训的部门经理和分支局长要及时在自己的团队内组织转训和 4-D 系统践行。

---

1 ORID 是一种反思、讨论方法，由 4 个部分组成，分别为 Objective（客观）——描述事实，即发生了什么事；Reflective（反思）——表达感受，即这件事对你产生了什么影响；Interpretive（解释）——进行解释，即为什么会发生这件事以及它意味着什么；Decisional（决定）——做出决定，即基于以上反思，你打算怎么做。ORID 常用在团队讨论、会议、培训、教育中，能够结构化地帮助当事人深入理解某一话题或经历，并助力其做出明智的决策。

2. 应用 4-D 系统诊断工具进行领导力分析

结合 TDA 测评的结果，对 4-D 卓越团队的领导力进行分析。TDA 测评结果表明 SS 分公司目前最需要改进的行为习惯是及时表达真诚的欣赏与感激，IDA 测评结果表明 SS 分公司分支局长以上管理团队的管理人员中，以绿色天性为主导天性的人最多，以橙色天性为主导天性的人次之。

3. 用行动学习落地课堂所学

针对测评结果，引导行动承诺，全体参训者承诺应用培训内容，重点改进欣赏与感激表达不足的问题。训后 1 个月内，SS 分公司内各团队基本能做到天天有 4-D 系统应用和分享。

借助微信群"SS 分公司 3 好 5 有卓越团队建设先锋群"（"3 好"即员工好、企业好、客户好，"5 有"即有活力、有合力、有动力、有能力、有业绩），营造"比、学、赶、超"的第五力氛围，打造线上线下整合的、应用 4-D 系统改善个人领导力和团队业绩的社会场域。

吴总经理明确提出，负责此项目的 HR 小吴要牵头组织软实力建设，公司要应用团队共创等专业化领导力工具解决业务热点难点问题。各级领导都及时在群里点赞，并兑现承诺，给率先进行 4-D 系统实践及取得实践成效的团队发红包。小吴用云笔记及时总结、推广经验，4-D 软实力开发中心项目团队的 4-D 导师/教练也坚持每天在群里提问题、提建议，推动活动有序深入。

2.5.3 项目成效

1. 训后一周

在短短 5 天内，率先应用 4-D 系统的团队，团队攻坚项目的单日业绩达到往常的 2.5 倍。

员工表示，BG 分局宽带光纤化改造越接近目标越难推进，清单梳理了不下 10 遍，从日均 80 部降到日均 20 部。周日，BG 分局开展 ORID，聚焦光改，提出问题、细化问题、调整对策，营销效果有明显提升。目前，日均光改数提升至 50 部，士气持续高涨，且 BG 分局光纤宽带占比已达 89.93%，实现光纤宽带占比 90% 的目标指日可待。

2. 训后 4 个月

2016 年第一季度，参加并践行 4-D 系统的管理者在组织再造和年度竞选中脱颖而出，凭借业绩承诺，担任了 SS 分公司市场经营方面的重要岗位。

SS 分公司吴总经理发来感谢消息："这次机构改革起用的管理人员都是通过竞聘和竞选上任的，他们竟然全部是 4-D 系统的学员。感谢林健老师的教导和悉心栽培，4-D 系统让每个人得以蜕变，让团队得以蜕变！"

3. 训后一年半

2017 年 4 月，SS 分公司的吴总经理给予反馈，他们终于打了翻身仗，全年同比增长 4.6%，在全区处于领先地位。增长原因是中层管理队伍得以优化，使得团队更加优秀。4-D 系统成功再造了 SS 分公司的第五力。

通过以上案例不难看出，紧扣业务实际，从改进领导方式入手，应用 4-D 系统，使用教练式领导、行动学习等方法激发员工的潜能，是成功的关键。详细的总结报告见附录 7《SS 分公司办公室 HR 编写的 4-D 系统践行阶段总结》。

2.6 高绩效团队的建设与管理

作者：林健、周善余

4-D 系统在提升团队绩效方面的卓越效果已经在中外众多企业的实践中得以体现，它不仅是一种理论，更是一种实践性强、具有可操作性的系统工具。如果团队领导者能高度重视并亲自参与对 4-D 系统的践行，业绩的提升是可观且可持续的。

2.6.1 项目背景

2017 年年初，我在华为大学向某通信运营商县分公司的总经理们分享了"4-D 卓越团队领导力"的相关内容。不久后，我接到了该通信运营商的两位县分公司总经理的邀请，希望我能够为他们交付 4-D 系统，帮助他们更好地管理团队、更好地提升和激发员工激情与潜能。

其中，该通信运营商下辖的 JY 分公司的王总经理说的一句话让我深受感动，他说："作为 JY 人，我希望自己除了做出业绩，还能给家乡的员工留下文化、素质等事关公司可持续发展的软技能。在市场竞争日趋激烈的背景下，希望 4-D 系统的应用能够改善中心自营营业厅的业绩现状。"

2.6.2 实施过程

JY 分公司于 2017 年 7 月中旬开始应用 4-D 系统,其实施过程有较强的可参考性。

1. 明确项目推进策略是保障

我们在项目启动之前,就与 JY 分公司的王总经理针对项目推进策略达成了一致:自上而下、由点到面。

具体做法是第一期工作坊由 JY 分公司的管理团队成员参加,明确工作坊后团队负责人在自己的团队内转训、践行和分享 4-D 系统的规定动作,达到践行 4-D 系统规定动作要求的团队负责人可以获得志愿带领全体团队成员参加第二次工作坊的机会,此举可以确保各团队负责人参加 4-D 行动学习项目的主动性、积极性和 4-D 行为学习项目由点到面的加速度推进。

2. 团队负责人带头改变是关键

践行 4-D 系统对业务精英提升自身能力特别有效。

创造了国庆节假期完成日常整月业绩这一"奇迹"的中心营业厅团队的团队负责人是个业务高手,曾经多次被评为集团公司全国、省、市级能手。从天性上看,她是个以蓝色天性为主导天性的领导。践行 4-D 系统后,她切身感受到了人的重要性,甚至因此优化了自己的人生方向。

了解 4-D 系统后,她开始更加关注人,坚持在团队中应用 4-D 系统。最难能可贵的是,她在导入 4-D 系统的同时,自己设计了团队修炼节奏,让团队成员使用 ORID、AMBR 等工具,围绕团队重要的主题活动,每天坚持修炼,并轮流在群里分享。

以下案例是她管理的业务部门在她的引领下,按阶段、分主题践行和分享 4-D 系统的内容与成效。

案例一是该团队内一位业务班组长的分享。

A 关注点：如何完成国庆节假期的任务指标。

M 心态：刚接到任务指标的时候，心想，疯了吧！这可是平时一个月的量啊！怎么办？但转念一想，我们学习和践行 4-D 系统后，连续几个月都超额完成了任务指标，领导给我们高指标，是对我们的信任。如何完成呢？要依靠团队的力量。

B 行为：召开团队会议，认真记录工作注意事项。回家后，马上组建小组微信群，进行小型培训，把一个个要点整理出来发在群里，并追问每个人是否能看明白。第二天，小组成员很积极，简单交流后就马不停蹄地开始工作，每天都牵挂着办了几个了、还剩几个、其他小组办了几个了……大家心里想的是不能比别人差，一定要完成任务。

R 结果：国庆节假期过去了，任务完成了，大家都开心极了！

案例二是该团队的团队负责人的分享。

A 关注点：按照约定，今天是詹红（化名）和黄巧（化名）两位同事分享。

M 心态：本来我想催她们及时准备分享内容，但是我知道她们太累了，国庆节假期一天都没有休息，每天都在坚持工作。

B 行为：我决定自己来分享。JY 营业厅的营业员晚上 8 点还在外忙碌，叫她们回来休息，她们说还要再忙一会儿。黄巧说她像发请帖一样让亲戚、朋友帮忙宣传和登记，她要做到第一。她会是我们团队的"黑马"，太努力了。詹红说一定要完成小组目标，不辜负领导的期望。

R 结果：因为有她们，国庆节假期，我们团队完成了日常整月的业绩。

面对超常的指标，班组长一改过去常出现的抱怨情绪，学会了转念并马上行动：一定要完成小组目标，不辜负领导的期望。团队成员积极主动，见贤思齐，心里想的是不能比别人差，一定要完成任务。部门领导懂得欣赏、感激和信任下属，在了解到大家因为太累了而难以及时准备分享内容后，决定自己进行分享……

由此看来，员工、班组长和部门领导都有满满的正能量，激发了一个由活力、信任、合作主导的团队的社会场域/第五力。

经过半年的实践，在领导重视和上级表彰的推动下，应用 4-D 系统比较多的团队进步明显，每天都有遇到业务困境时应用 4-D 系统迅速转念的成功案例。我们把成功案例分享称为"巨大的团队正能量炸弹"，因为其能够引爆其他伙伴的正能量，持续地为公司营造正能量的团队氛围。相互赋能的社会场域，会极大地提高团队创造高绩效的能力。

3. 公司管理者坚持每天为团队点赞是动力

4-D 系统起作用的关键之一是团队负责人相信并愿意坚持践行 4-D 系统，并在精力投入、激励和制度设计上亲力亲为。

在项目开始前，我们与合作顾问、客户公司的领导开了一次电话会议，明确这个项目的立项动机。客户公司的王总经理很明确地说："不是为了做一次培训，而是希望能够为公司建立新的提高业绩和优化人才队伍的动力系统。"

在后续的两次面授培训和课后微信群跟进中，王总经理都带头坚持打卡、带头做培训收获总结分享。

以下为王总经理分享的部分内容。

今天，4-D 教练在课堂上说，满足人类的最基本需求的第一点是及时表达真诚的欣赏与感激，我听后触动很大。

我对自己的工作风格做了反思。橙色天性的主导让我更多地关注工作任务和工作效果，对下属指责、批评多，表扬少。尽管我会对员工心存感激，但是表达出来的少之又少，这造成工作氛围比较严肃和紧张，活泼不够。

万分荣幸，能在名师授课的 4-D 系统培训班中学习。我下定决心开始自我剖析、自我改变和自我完善，提升综合能力，向着快乐工作、快乐生活的目标前进。

作为JY分公司的总经理，我必须带头行动，改变行为习惯，对公司心怀感恩，对员工、家人心存感激和欣赏，让我们的工作和生活更加美好。

以橙色天性为主导天性的王总经理能够如此坦诚、真诚地在群里分享以上内容，足见其对 4-D 系统的信任和坚持践行 4-D 系统的决心。

4. 政策支撑和组织保障是核心

培训，要想有持久的成效，将培训内容强化为公司的流程习惯和制度是关键。

在项目团队的支持下，JY 分公司把 4-D 团队建设及其日常修炼列入常态化管理范畴，在 4-D 导师/教练的指导下，公司管理层制定了 4-D 卓越团队建设的相关制度文件，下发全公司执行。同时，公司综合部樊经理兼任 4-D 系统行动学习项目的项目经理，每个月进行统计，并对参与率达标的团队进行奖励。此外，JY 分公司还于年终召开专题分享会议，对全年 4-D 系统修炼情况进行总结、表彰，把坚持 4-D 系统修炼这个行为作为评优、评先的加分行为。

5. 4-D 导师/教练每天陪伴修炼是助推力

自项目启动，林健和周善余两位 4-D 导师/教练坚持每天在群里点评修炼情况，同时分享自己的 AMBR 修炼，从心态上和技能上陪伴团队成员尽快进入 4-D 修炼促进业绩提高与团队关系改善的正轨。

2.6.3 项目成效

多年的坚持，让 JY 分公司的团队、中层领导力和公司业绩发生了可喜的变化。2021 年，我们再次去 JY 分公司交付线下工作坊时，JY 分公司的王总经理告诉我，JY 分公司这几年的业绩一直稳居其所在的 LS 地区的前列。

首次导入 4-D 系统的 2017 年 7 月底的业绩证明了 JY 分公司践行 4-D 系统的初步成效：同比增长数据为全区第一！同年 8 月，JY 分公司再接再厉，一个月完成了第三季度指标的 130%。如图 2-8 所示，在同年 9 月以及国庆节假期期间，案例团队 A 分部的业绩与没有践行 4-D 系统的 B 分部的业绩相比，一骑绝尘。

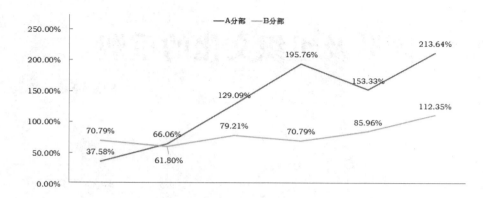

图 2-8　团队业绩完成率

JY 分公司坚持践行 4-D 系统 5 年多的实践表明，只要我们相信并坚持践行 4-D 系统，我们的团队和工作都会变得更加美好！

2.7 团队及组织文化的重塑

作者：周善余、杨蓉

如何在事业部层面导入和推广 4-D 系统？浙江某计算机系统有限公司（以下简称 HC 公司）商业智能事业部的"4-D 系统与卓越团队管理"行动学习项目使用了由点到面逐步推进的方法，值得我们学习和借鉴。

2.7.1 项目背景

HC 公司商业智能事业部成立于 2007 年，前身是承担国内某通信运营商集团数据仓库系统研发和支撑等工作的团队，是一个"95 后"员工占比达到 51% 的技术型百人团队。随着事业部业务拓展市场竞争的加剧和项目交付压力的增大，事业部领导提出，必须尽快赋能项目经理和项目骨干，提升他们的软技能，打造低风险、高绩效团队。

2021 年年中，团队对非电信的业务板块进行了拆分，完成了团队重组。拆分重组后的商业智能事业部的客户主要是某通信运营商某省分公司及其地市级公司等企业，部门下设 4 个中心（分公司），拥有 120 多名员工。

2.7.2 实施过程

4-D 系统的应用是一个持续不断的过程。这个团队践行 4-D 系统的过程分为 3

个阶段：入门体验、实战工作坊和日常实践。

1. 第一阶段：入门体验

2020年10月至12月，HC公司商业智能事业部组织4位管理团队成员，先后参加了"第一阶段7天4-D胜任力在线养成训练营""第二阶段14天4-D竞争力在线养成训练营"和"CSW教练线上实战演练"。这4位管理团队成员中，有2位分别成为重组后的商业智能事业部的总经理和副总经理。

对于4-D系统的课程体系、训练内容、落地工具、学习效果等，这2位事业部领导有过完整的学习体验。2020年11月、12月，这2位事业部领导专门邀请我们对负责某通信运营商某省分公司数据分析支撑工作的项目经理和项目骨干做了2场以"4-D卓越团队领导力"为主题的分享沙龙，参与分享沙龙的项目经理和项目骨干均非常认同4-D全能理念。

2. 第二阶段：实战工作坊

2021年年中，商业智能事业部拆分重组后，事业部2位领导重新把团队赋能课题提上日程。经过紧张的协调与筹备，2022年2月至3月，事业部组织了"4-D系统与卓越团队管理"行动学习项目。

项目采用3+1的模式开展——3天线下课和一次线上TDA测评结果解读。3天线下课分别为"个人心智改变实战营""团队行为再造实战营"和"卓越团队共赢实战营"。

行动学习项目详细拆解4-D系统，帮助团队骨干认识自己的天性，了解伙伴的性格偏好，学习和掌握认知工具AMBR。在此项目中，团队成员不仅学习和体验了4-D系统的8个行为习惯和CSW的使用流程，还结合真实项目，找到了团队和个人领导力存在的问题及其解决方案，把实战工作坊变成了解决实际问题的实验场。

3. 第三阶段：日常实践

为了巩固实战工作坊的成效，商业智能事业部使用了践行4-D系统时常用的行动学习法：在工作坊后坚持打卡、复盘，比如21天个人AMBR打卡、定期召开4-D系统导入复盘会、组织4-D系统的实践分享等。

在对该项目的发起人、HC公司商业智能事业部的总经理顾总经理进行的采访中，他提到，4-D系统不仅已在招聘、面试、入职培训、项目例会等工作中普遍应用，在团队负责人的月度分析中，也常常看到对困难情境中的即时转念和事后反思的记录，灵活运用"先人后事"的原则和4-D系统的8个行为习惯去化解人际冲突，确实能够及时、有效地降低项目风险。

4-D系统在招聘工作中的应用可举例如下。

部门招聘的商务岗要求应聘者有初级商务经验，工作认真仔细，善于沟通。

面试官与应聘者罗小姐沟通得很顺畅，罗小姐有汽车营销经验，且工作热情较高。在征得罗小姐同意后，面试官对罗小姐做了IDA测评，测评结果显示，罗小姐以蓝色天性为主导天性，且绿色天性大于橙色天性。这意味着罗小姐的行为风格是以宏观关注为主的，与公司商务工作需要的脚踏实地、认真仔细的特点不符。综合各方面考虑，用人部门决定对其进行试用观察。

后来，各方反馈，工作中，罗小姐经常犯小错误，工作不够踏实，且改进缓慢，商务工作方面的职业修炼还不够。

此次招聘是失败的，这一失败的招聘经历，为后续招聘积累了宝贵经验——在应聘者天性和专业素养都不与工作内容的特点匹配的情况下，勉强录用应聘者是极具风险的。

4-D系统在团队成员工作指派中的应用可举例如下。

精确营销项目经理陈先生以黄色天性为主导天性，他需要给两位员工分配任务。

王才（化名）以蓝色天性及橙色天性为主导天性，其工作仔细、乐观、务实，对待每项工作都非常认真、耐心，陈经理平时会给他分配一些有挑战性的工作，他都能出色地完成，并学以致用，做到举一反三。

彭会（化名）以橙色天性为主导天性，非常清楚自己在每项工作中的角色，注重规则、有领导力、能够牵头工作，且沟通能力较强。基于此，陈经理经常给他安排专题工作，让他自己把控进度。

陈经理作为项目经理，从 4-D 天性出发，结合 4-D 核心修炼流程（AMBR）观察和复盘团队成员的工作并给予反馈，这种工作方法无疑是高效的、值得肯定的。

4-D 系统在绩效访谈中的应用可举例如下。

项目经理杨经理以黄色天性为主导天性，他需要与团队成员进行月度绩效访谈，帮助团队成员提升绩效。

团队成员李天（化名）以橙色天性为主导天性，善于执行任务，但缺乏规划能力。在绩效访谈过程中，杨经理先对她上个月的辛苦工作表示感谢和肯定（1B 及时表达真诚的欣赏与感激），再请她自己反思，找出工作中存在的不足（7B 避免指责与抱怨）；针对李天的反思结果，杨经理补充了她在工作中存在的部分问题后表示会给予她改进的时间和机会（3B 适度包融他人），鼓励她在工作的过程中提升自己，并完成项目目标（2B 关注共同利益和 5B 直面现实的乐观）；最后，他们约定改进目标，达成高效推进工作的共识（4B 信守所有协议和 8B 厘清角色、责任与权力）。

2.7.3 项目成效

经过系统的学习和应用，商业智能事业部中的各团队都在各自的阶段性重要任务中取得了良好的成果。

在整理案例的过程中，我们采访了该项目的发起人、HC 公司商业智能事业部的总经理顾总经理。

采访中，我们提了这样一个问题："如果用简短的几句话总结 4-D 系统这一年多来为商业智能事业部带来的影响，会是什么呢？"

顾总经理说："团队成员的逆商变强了，能够更加从容地面对困境，并用积极的心态调整自己，努力解决问题，最终实现目标。逆商的提升不仅有助于提高团队的短期绩效，还对长期成功产生着积极影响。"

HC 公司商业智能事业部的实践案例再次证明，4-D 系统大道至简，坚持"先人后事"的原则和养成 8 个行为习惯堪称项目经理与技术骨干必备的软技能。

2.8 项目管理中的决策分析与优化

作者：周善余

4-D 系统在众多领域中发挥着重要作用，领域之一便是项目管理——应用 4-D 系统可以显著提升项目的效率和项目工作人员的绩效。之所以如此肯定，是因为我曾经应用 4-D 系统成功地帮助一个延期的千万元级 IT 项目实现逆袭并成功交付。

2.8.1 项目背景

推进该项目时，我所在的企业是国内某通信运营商下辖的某南方省级公司，业务规模居同类公司前列。2015 年 5 月 18 日，我中途接手 R 项目，任甲方项目总监。R 项目是遵循该通信运营商最新的 ITSP 3.0 技术规范，针对综合资源管理系统实施的重大技术升级改造项目，SCC 公司以战略项目投入优势和价格优势中标，于 2014 年 7 月正式启动项目实施。

对于该通信运营商来说，这是一个重大的 IT 外包项目，合作伙伴在实施现场投入的技术人员超过 60 人；对于合作伙伴 SCC 公司来说，这是一次全新的产品升级换代，SCC 公司希望借此重新奠定自身在综合资源管理系统领域中的绝对领先地位。

然而，接手后，我发现 R 项目的工期已一延再延，项目主计划延期率超过 50%。R 项目分为试点和推广两个阶段，合同条款里约定的试点上线时间是 2015

年7月。这意味着，最迟在2015年3月底，需要完成应用系统代码开发、跨系统接口联调和数据迁移脚本测试等三大基础工作。实际上，这三大基础工作直到2015年9月底才完成，即项目主计划实际推延了6个月之多。

随着项目主计划一延再延，团队失和、士气低落……各种矛盾和风险浮出水面。在项目实施已10个月但试点上线遥遥无期的情况下，R项目面临进度、成本、范围、质量、人力资源、干系人管理等全方位的挑战。

对此，我做了一个SWOT分析（SWOT，即企业战略分析方法）。

1. 优势方面

① 作为R项目第二任甲方项目总监，我有近20年的IT项目管理经验。

② 一年以前，我是甲方IT部门副总经理，和R项目实施单位有过近9年的合作经历，与甲方试点单位的分管领导和业务部门经理也有良好的信任关系。

③ 我刚刚获得了4-D导师/教练认证，愿意100%投入"把R项目团队打造成卓越项目团队"的学习发展专案中。

所以，虽然是中途接手，但是在天时、地利、人和这3个方面，我都有明显的优势。

2. 劣势方面

① R项目是IT外包项目，合同总价是封顶式总价，加上SCC公司是低价中标，项目每延期一个月就形成约100万元的直接亏损，开发团队在成本和推进上都不能承受（战略项目中）两个现场、两套开发的挑战，且无力协调两省在各自重点需求、特殊需求上的差异，导致两个项目相互影响，进展都不理想。

② 作为新晋4-D导师/教练，我在4-D系统的理念和方法的理解、传播、落地等方面有经验上的欠缺。

③ 作为全新研发的应用系统，代码交付质量不稳定、测试计划一再推延，甲乙双方的核心层对项目交付的信心逐渐降低，合作关系已经处在破裂的边缘。

3. 机会方面

① 项目团队冲突严重，造成"延期=亏损"的局面，乙方的成本控制压力巨大，使得乙方的团队建设需求非常迫切。

② R 项目外包实施方承接的两个省项目的主计划都是一延再延，甲方的项目高层对项目的复杂性、艰巨性有了普遍共识，为项目管理上的创新创造了空间。

③ 2016 年 9 月，G20 峰会将在杭州举办，假如 R 项目不能如期上线，甲方试点单位将在网络运营与资源调度方面面临严峻的挑战，因此，对于推动实施 R 项目的创新举措，项目各方干系人都非常渴求。

4. 威胁方面

① 甲乙双方高层过于乐观，项目主计划不切实际，致使应用测试和系统上线的安排一延再延，对项目团队的信心的打击非常大，团队士气持续低迷。

② R 项目实施现场在杭州——互联网创新城市，人才争夺战激烈，技术骨干人心浮动、流失加速。

③ R 项目外包实施方用一支应用研发队伍同时承接了两个省的省项目，项目间资源争夺战不时上演。

"危"与"机"并存，信任、协同、整合这 3 个关口似乎难以跨越。

第一关，信任关。目前的信任问题是项目组内部的信任问题，且涉及项目各方干系人对项目的信心问题。

第二关，协同关。跨省工程协作，如何变争抢骨干为协同推进？

第三关，整合关。新系统需要接受 3 个月的密集测试，有移动、宽带全业务全场景端到端测试，还有 4 套核心系统测试，需要双方针对测试启动条件达成共识。

矛盾重重，大家都在问 R 项目什么时候能交付，甲方甚至已经把"取消项目"作为备选退路。

面对此情此景,当务之急是帮助 R 项目的甲乙双方从推诿责怨、处处亮红灯的社会场域中走出来,营造开放合作、真诚信任、务实乐观、直面当责的社会场域。

2.8.2 实施过程

回顾推进项目的 7 个月,最苦最累的乙方项目经理刘经理是这样描述自己的心路历程的:"从期初的无奈,到期中的焦虑、沉思,再到最后 3 个月的 100% 投入。"

其心态的转变,恰好与 3 个关口——信任关、协同关、整合关的突破对应,如图 2-9 所示。

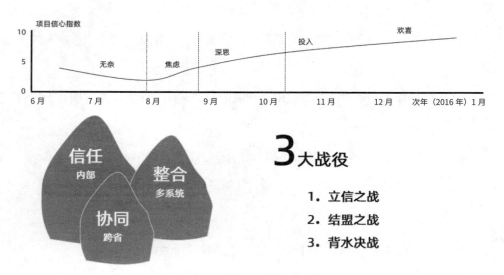

图 2-9 三大挑战及三大战役

面对 3 个关口,我们打了三大战役。第一战是项目组内部的立信之战,第二战是与并行项目之间的结盟之战,第三战是 2015 年 10 月初必须启动集成测试、年底必须做到系统上线的背水决战。除了打好三大战役,坚信、坚持也是 4-D 行动学习项目取得成功的关键因素。

1. 立信之战

这是导入 4-D 系统的开局之战，意在挽回信心、赢得信任。那是 2015 年 5 月 20 日下午，我首次到 R 项目现场探营。

我发现，项目困境在于试点单位的关键用户更关注体验高阶功能，而项目团队尚停留在各种基础功能的完善阶段。项目组、业务专家不在一个频道上，导致试点单位的业务专家严重怀疑新系统的开发质量及项目组的交付能力，因此，工期一延再延，交付无望；骨干开始流失，人心渐散。

在这种情况下，团队氛围是实施方饱受责难，项目领导层依然过于乐观。

应用 AMBR，我的转念流程如下。

A 关注点：我们需要恢复信心，营造开放、合作的氛围，同时努力找到项目的突破点，尽快从谷底走出来。

M 心态：4-D 系统给了我们行动的智慧，从关注共同利益和直面现实的乐观这 2 个行为习惯出发，我向 R 项目实施方（乙方）提出了核心问题："什么既是甲方试点单位想要的，又是我们愿意他们拥有的？"

B 行为：我们的结论是优先聚焦基础功能测试（跳一跳就够得着的目标）。基础功能的完善，对项目组来说可以得到用户认可，展现自己的能力；对试点单位的关键用户来说可以了解项目组的基本功，建立对项目组完善高阶功能的信心，同时提高对交付时限的容忍度。创新方案一出，群情振奋！对于我来说，这是 4-D 系统的初次应用成效，让项目团队初次见识到了 4-D 系统的精妙和神奇。

R 成果：用时一个半月，项目组完成了基础功能测试，恢复了团队斗志，甲乙双方重新进入并肩作战的协作状态。

注意，这一过程中，确定新的方案需要和甲方试点单位达成共识。按照惯例，基础功能测试属于 IT 范围，在 IT 外包项目中由乙方独立负责，不是甲方的分内事，此举是借合同之外的协作事项沟通甲方试点单位的业务部门，修复信任关系。先在关系上修复信任，再在思维上达成共识，才能在行动上赢得支持。

除了确定创新方案，在这一阶段，我们还要关注各方干系人的心态。当时，各方干系人的心态处于严重冲突、互不理解的失控状态，如图 2-10 所示。甲方试点单位的项目经理及首席用户代表曾在项目结束两年后说出了同样的真心话："想放弃 R 项目，彻底离开项目团队。"

图 2-10　引入 4-D 系统之前的各项目干系人的心态

应用 AMBR，我的转念流程如下。

A 关注点：如何修复信任、重建共识、唤起甲方首席用户代表的投入意愿？这个难题，成为落实基础功能测试，进而全面导入 4-D 系统的拦路虎！

M 心态：当有人说出"Z（首席用户代表）肯定不会接受组织基础功能测试这个新提议的"这句话时，项目组核心成员一个个像泄了气的皮球。由谁出面沟通？大家把目光投向了我。我庄重地做出行动承诺的那一刻，R 项目团队立刻重新燃起了斗志。

B 行为：与 Z 的沟通，采用了 ICF 教练对话模式，使用了三轮驱动这一辅导工具。在甲方项目经理的陪同下，我利用休闲吧的私密环境，以及围坐小圆桌形成的平等、尊重的位置关系，营造了安全、开放的对话氛围。过去半年里 1 对 1 教练辅导近 50 个小时所积累的实战经验，让我在和 Z 的沟通过程中保持着中立的教练状态。这一教练对话式沟通分成回顾过去、展望未来、面向下一阶段等 3

次，每次对话都长达一个多小时，整体跨度超过一个星期。在教练状态和辅导工具的助力下，我很好地带着修复关系、真诚当责的 4-D 思维，做到了适度包融他人、避免指责与抱怨等两项行为习惯的规范要求。

R 成果：一方面，得到了 Z 的认可与支持，组织了十几位业务骨干展开了为期两周的基础功能测试。另一方面，在项目管理中心（Project Management Office，PMO）层面，不仅树立了我的专业威信，更让 4-D 思维得以顺利植入。

2. 结盟之战

在立信之战中导入 4-D 系统，恢复团队对项目的信心，并修复各干系方间的信任后，还需要解决的是项目的 PMO"信不信"4-D 系统的问题，即 PMO 成员对 4-D 系统的理解与接纳问题，以及导入 4-D 系统的信念问题、持续内化 4-D 系统的坚持问题。

作为甲方项目总监，我是雷厉风行、敢做敢言的；作为 4-D 导师／教练，我则是缜密筹划、谨言慎行的。

A 关注点：如何让项目团队的核心层，即 PMO 成员，理解与接纳 4-D 系统？

M 心态：首先，要让项目团队的最高领导坚信 4-D 系统能够再造团队的社会场域。其次，要让 PMO 成员逐步理解、接纳 4-D 系统，相信导入 4-D 系统将把项目团队带出"高风险、低绩效"的低谷，带入"高绩效、低风险"的新局面。（当责的心态：用坚持和引领，以及 100% 投入的姿态，带动越来越多的团队成员投入 4-D 卓越团队建设的工作中；务实的心态：对践行 4-D 系统和进行项目管理的日常活动进行有机的、紧密的结合，打造快乐工作、激情生活的项目文化。）

B 行为：导入的第一阶段，可以划分为初试、筹划和正式导入等 3 个环节，稍后进行详细介绍。

R 成果：随着了解的逐步深入，PMO 成员理解与接纳了 4-D 系统，并愿意坚持践行、持续内化 4-D 系统。

导入第一阶段的初试、筹划和正式导入等 3 个环节如图 2-11 所示。

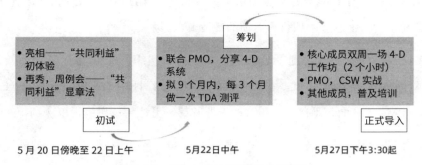

图 2-11　打造 4-D 卓越团队的关键设计

第一，初试环节。

5 月 20 日傍晚，回顾使用以"共同利益"为着眼点的 4-D 思维为"立信之战"找到突破点的过程，明确"共同利益"的重要性。

5 月 22 日上午，我首次参加 R 项目周例会，看到需求小组与开发小组、数据迁移小组之间冲突连连，甲方业务专家和乙方技术骨干互不沟通。

暗流涌动，于是，我再提"共同利益"。严重的冲突出现时，我重申"什么既是对方想要的，又是我们愿意对方拥有的"这一思路，先让分歧双方换位思考，各自在纸上写下对对方想法的猜测，再把两张纸对调，让双方面对面澄清、确认和调整，达成共识，最后，让双方在调整后的纸上签字，做出相互支持的行动承诺。

这一初试，让 PMO 成员对 4-D 系统有了真切的体验。

第二，筹划环节。

项目例会结束后，我把 PMO 成员留了下来，公布了在 R 项目中导入 4-D 系统的整体实施方案和近期推进计划。

4-D 卓越团队打造专案拟开展 9 个月，每 3 个月做一次 TDA 测评，即总共做 4 次 TDA 测评（需要乙方申请专案预算 4000 元）；面向项目团队的骨干（按人员覆盖 25% 的比例），每 2~3 周做一场 4-D 实战工作坊，建议时间相对固定，预计开展 10~12 场。

为了帮助 PMO 成员加深对 4-D 系统的理解，我又做了近一个小时的 4-D 分享，着重强调了人类的 4 种最基本需求/天性、8 个行为习惯、TDA 测评等需要尽快内化和使用的知识与工具。

最后，我们确定尽快组织 4-D 实战工作坊，交付时间固定为每周三下午 3:30~5:30；正式学员 15 人，包括 PMO 成员、各小组组长和各小组技术骨干一名；第一场 4-D 实战工作坊安排在 2015 年 5 月 27 日下午 3:30~5:30。

第三，正式导入环节。

5 月 27 日下午，面向项目团队的骨干，如期交付了第一场 4-D 实战工作坊。这次工作坊，共同商定了着力推行 8 个行为习惯，以"及时表达真诚的欣赏与感激"为切入点，在周例会上增加"赠送鲜花与钻石"感激开场环节；发布了在项目团队中导入 4-D 系统的整体实施方案；安排了第一次 TDA 测评的相关事宜。

在工作坊现场，我捕捉到一次导入 4-D 系统的良机。

骨干们在会议室里参加 4-D 实战工作坊时，重量级学员、甲乙双方的项目经理却在场外"争论"——R 项目的某一重要模块遭遇了"乙方单方面更换骨干 + 骨干擅自离场"带来的乙方和试点单位的合作信任危机，乙方项目经理 L 无力解围，向甲方项目经理 T 求援，甲乙双方的项目经理针对如何化解和试点单位的信任危机"争论"良久。

面对这一情况，应用 AMBR，我的转念流程如下。

A 关注点：如何帮助乙方化解这场人际冲突？

M 心态：我惊喜地发现，这是使用 4-D 教练工具——CSW 的最好场景！

B 行为：在征得两位项目经理 L 和 T 的同意的情况下，首场 4-D 实战工作坊结束后，我立即使用 CSW，在 T 的见证下，对 L 进行了教练对话式沟通和辅导。

R 成果：乙方项目经理 L 从"拒绝"与客户继续沟通转变为"有九成把握"修复与客户的协作关系。使用 CSW，L 厘清了沟通目标，制定了 5 条具体的行动策略。

在接触 4-D 系统不到一周的时间里，这两位重量级的团队核心成员接连获得了 3 次亲身体验 4-D 系统的机会，不仅及时化解了彼此间的隐形矛盾与猜疑，更在内心建立了对 4-D 系统的信任。

至此，4-D 系统终于正式应用于 R 项目团队。接下来，在 4-D 系统的助力下，R 项目成功逆袭已然是水到渠成之事。

跨团队应用 4-D 系统是推进项目 4-D 化的关键。在这个案例中，与并行项目的"结盟"是 4-D 系统导入过程中的神来之笔。

在该过程中应用 AMBR，我的转念流程如下。

A 关注点：7 月中旬，项目现场研发力量不足，需要和并行项目进行沟通，实现骨干复用。

M 心态：两个省项目的氛围均为对乙方横加责难，且彼此互有戒心。项目推进需要重建开放、合作的心态和真诚、信任的关系，谁来修复裂痕？4-D 系统给了我们行动的智慧——使用关注共同利益和适度包融他人这两个行为习惯，在行为上主动求变，满足对方的需求，实现真正的合作和共赢。

B 行动：主动沟通，派出高规格访问团，当面协调项目交付的重点业务需求。先请公司高层出面约定面商的工作目标和活动安排，再派出由 5 位部门经理、5 位专家组成的高规格访问团，专程飞往对方的项目所在地，进行为期 3 天半的需求范围界定访问。

R 成果：直接成果是求同存异，理出了各自的重点业务需求，形成了能够同时满足两个省项目试点上线需要的优先开发、集中攻关的业务需求清单，达成了按周通报进度、确保双方试点上线计划均可完成的共识。更重要的成果是，通过这次磋商，在两个省项目的项目领导层内心植入了合作共赢的理念，就像开展了一次"合纵连横",签下了结盟协约。从 4-D 系统的角度看,这是在跨项目的团队之间实现了社会场域从"红色"到"绿色"的重大转变。

在后续的一年多时间里,为避免争用技术核心骨干资源,两个省项目的项目组均会及时发布项目主计划,并主动为对方的重大项目活动让路。

3. 背水决战

捕捉战机并适时启动集成测试,这是 4-D 系统导入中最酣畅淋漓的一战。当时已是 9 月底,4-D 系统导入已有 4 个月,项目团队的社会场域已逐渐转为"绿色"场域。多系统的整合,从技术到业务,对项目团队提出了全方位的挑战。

针对这一情况,应用 AMBR,我的转念流程如下。

A 关注点:多系统的集成测试是在国庆节假期后立即启动,还是继续后延?甲方内部的项目干系人形成了两大阵营,看法各不相同,分歧相当大。

M 心态:机不可失,4-D 系统给了我们行动的智慧,从关注共同利益、直面现实的乐观和 100% 投入这 3 个行为习惯出发,从我做起,先利用国庆节假期完成多系统的技术联调,再借力来年做好 G20 峰会保障需要一套全新系统的时机,才能做到万无一失。

B 行动:在甲方内部达成共识,利用国庆节假期完成了端到端的技术联调,并促成了业务集成测试启动会的签字仪式。

R 成果:破釜沉舟,国庆节假期的攻坚战果超预期,前 3 天完成了 4 天的计划,换来了一天的休整;众志成城,为期 3 个月的业务集成测试如期完成,春节前,试点成功上线。

严重延期的 R 项目与 4-D 系统相遇,用时 7 个月,实现逆袭!随后,相继接受了上线平稳过渡,设备、资源、资产三码融合,G20 峰会保障等多次严峻挑战,顺利竣工。

2.8.3 项目成效

随着 4-D 系统导入的逐步深入，我们接二连三地克服了各种阻力、完成了各种挑战，项目成效如下。

1. 团队发展方面

TDA 测评的团队得分实现了从底端五分位到低于平均五分位，再到高于平均五分位的三级跳，团队的社会场域改善情况如图 2-12 所示。

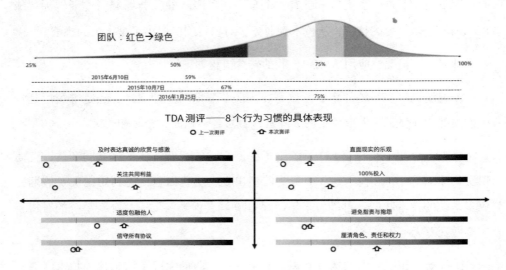

图 2-12　团队的社会场域改善情况（3 次 TDA 测评趋势及 2 次行为习惯改善对比）

4-D 系统导入之初，R 项目团队的 TDA 测评得分为 59%，处于底端五分位的中部。这个测评结果是符合 R 项目团队当时的状况的，其状况一如 4-D 系统对底端五分位团队的状况的描述：没有感激表达、普遍自私；排斥他人、互不信任；盲目乐观、不投入工作；指责抱怨多、没有责任感。

2015 年 10 月 7 日，第二次 TDA 测评，R 项目团队的得分为 67%，增加了 8%。虽然还是处于"高风险、低绩效"区域，但已有上升，上升到"低于平均五分位"的位置。此时，团队在及时表达真诚的欣赏与感激，关注共同利益，100%投入，厘清角色、责任与权力等行为习惯方面的改进尤其显著。

在第三次 TDA 测评中，R 项目团队的得分高达 75%，已经越过平均五分位，直接跳到了"高于平均五分位"的位置，团队的社会场域进入了"高绩效、低风险"区域。这是 R 项目试点割接时的团队精神面貌：开放、合作；真诚、信任；创新、突破；直面、当责。

2. 直接绩效方面

2016 年 1 月，R 项目试点成功上线，直接影响并行项目调整试点方案，同时挽救了两个濒临"取消"的重大项目。两个省项目先后于 2017 年 1 月、2017 年 8 月完成全省推广。更大的惊喜随之而来，由两个省项目的项目团队联合申报的科技成果摘下了该通信运营商集团公司 2017 年度科技进步奖一等奖。

3. 节约成本方面

相比同类项目，R 项目提前 7 个月完成全省推广，仅算乙方外包团队的直接人工成本，节约 700 万元，此外，降低运营成本（测算）达 2000 万元以上。

4. 知识沉淀方面

在 R 项目团队成员的支持下，我们运用 SAM 课程开发模型梳理了 IT 外包型项目团队建设中的 17 个典型场景，聚焦、细化了其中影响较大的 8 个场景，刻画了各干系方的关注点、心态、行为和成果，以及其运用 4-D 思维实现心态转换和行为改变的过程。在此基础上，我们输出了"项目管理 4-D 解决方案"，对应的场景图如图 2-13 所示。

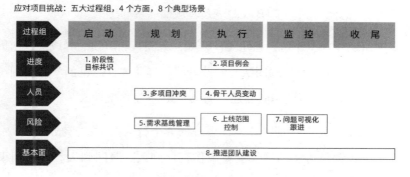

图 2-13　"项目管理 4-D 解决方案"场景图

另外，我以独立顾问的身份，带着 R 项目 4-D 团队发展专案，参加了 2018 年度"我是好讲师"大赛的"我做好项目"评比，对这个 4-D 系统落地实践案例进行了反思、提炼和萃取。

5. 与项目管理的深度结合方面

除了打通信任、协同、整合这 3 个关卡，更丰富的转化实践是在项目日常运作中，将 4-D 系统与项目管理进行了深度结合。值得分享的是，本次实践，将围绕 4-D 系统再造团队社会场域的 8 个行为习惯融入了项目管理的日常行为，并在 R 项目逆袭的过程中做到了始终如一。本次打造 4-D 卓越团队的具体举措如图 2-14 所示。

1. 及时表达真诚的欣赏与感激 • 鲜花与钻石 • 教练服务 • 慰问、发红包	2. 关注共同利益 • 教练对话 • 与并行项目联合	5. 直面现实的乐观 • 计划切实可行	6. 100% 投入 • 任务上白板 • 深夜加班榜
3. 适度包融他人 • 水果 • 4-D 工作坊	4. 信守所有协议 • 任务上白板 • 计划切实可行	7. 避免指责与抱怨 • 任务上白板	8. 厘清角色、责任与权力 • 任务上白板 • 计划切实可行

图 2-14 打造 4-D 卓越团队的具体举措

提炼关键举措详细说明如下。

① 项目周例会增设"赠送鲜花与钻石"环节：在周例会上，项目团队领导层与团队成员互表感激与欣赏（1B 及时表达真诚的欣赏与感激）。

② 定期组织 4-D 工作坊，强化 4-D 认知，巩固行为习惯的养成：每两周组织一次 4-D 工作坊，在项目管理团队及专业骨干中强化 4-D 思维的学习与训练，用 25% 成员的行为改变，再造团队的社会场域（3B 适度包融他人）。

③ 可视化工作任务管理，让 4-D 系统的 8 个行为习惯的养成有抓手：使用白板进行工作布置与落实，确保重要工作责任到人、时间到天。既做到事事有方案、件件有落实，又避免盲目乐观、相互推诿（做到 5B 直面现实的乐观，8B

厘清角色、责任与权力，4B 信守所有协议；同时符合 7B 避免指责与抱怨、6B 100% 投入的要求）。

④ 在 IT 项目任务中展现人性关怀：R 项目试点上线前一个半月，项目实施团队进入 7×12 小时的超负荷工作状态。为体现对大家的包融与感激，每天，甲方业务领导都会发水果，送到现场工作人员手中（3B 适度包融他人、1B 及时表达真诚的欣赏与感激）。

点点滴滴的扎实推进，终于带来团队面貌的焕然一新。

回顾本次实践，作为独立顾问，我推动了 R 项目 4-D 团队发展专案的顺利实施，破解了项目内部互不沟通、外部多方纷扰的严峻局面。

应用 AMBR，我从正反两个方面入手，对这次实践经验进行了总结与反思。

先来说好的方面，如下。

A 关注点：借事修己，尝试推进 4-D 系统的落地、转化，打造一支卓越团队。

M 心态："4-D 系统非常适用于项目团队管理"，我对此深信不疑。在推进 4-D 系统落地的过程中，我努力做到信其所言、言行一致、始终如一。

B 行为：以 100% 投入的状态，一方面坚持循序渐进，逐步把 4-D 系统的六大工具融入项目管理的日常行为，形成新的行为习惯；另一方面及时捕捉机会，运用 4-D 思维和教练技术，帮助 PMO 成员打开思路，寻找破局的创新做法，并鼓励团队成员并肩作战、攻坚克难。

R 成果：既迎来了 R 项目的成功逆袭，又书写了 "4-D 系统在中国" 的精彩故事。更让人惊喜的是，这个 4-D 团队发展专案不仅助力 R 项目成功逆袭，还挽救了更大的并行项目，最终，两者联手摘下集团公司的科技进步奖一等奖。

再来说需要提升的方面，如下。

A 关注点：没有考虑到 4-D 系统的内化、传承，也没有使用 IDA 测评修己、修人。

M 心态：不时感受到两位项目经理是抱着尝试一下的想法，以执行的态度协助推动 4-D 系统的落实的，而不是 100% 认可 4-D 系统、积极主动地运用 4-D 系统的方式思考。对此，我内心有些失落，但没有意识到要及时进行改变，更谈不上"红转绿"。

B 行为：仅停留在较浅层次的理解和无可奈何的接受，几乎没有做自我反思。

R 结果：2017 年 1 月，我接手了另一规模更大、时间更紧的项目，无法继续关注 R 项目团队的建设与发展问题，这个 4-D 团队发展专案戛然终止，没能续写新的篇章。

假如可以重来，我将一手抓 PMO 成员的 4-D 全能修炼，通过进行 IDA 测评帮助他们提升团队领导力；一手抓 4-D 导师／教练的针对性培养，把 4-D 内化活动向各项目小组延伸，并向乙方公司传播。

负责 R 项目实施的乙方公司的事业部总经理 H 曾说："当时，公司里的任何一个人，对于完成 R 项目都没有信心。依靠甲方项目总监对 4-D 系统的认识高度和 4-D 系统在项目团队发展上的赋能效果，才打造出了'高绩效、低风险'的团队社会场域。"

2018 年 5 月 20 日，我在 R 项目的乙方公司交流"R 项目 4-D 团队发展专案"的实施经验，结束时，事业部总经理 H 深受触动，不仅说出了上面这段埋在心底多时的话，还带领在场的 3 位部门领导一起向我鞠躬，表达感激之情。

4-D 系统的创始人查理·佩勒林博士每次交付 4-D 系统时都会引用人类学家玛格丽特·米德的一句话："永远不要怀疑，一小群有思想、肯付出的人能改变世界。事实上，世界正是这样被改变的！"

我想说的是："永远不要怀疑，即使项目一延再延，践行 4-D 系统依然可以实现逆袭，去赢得大奖！"

2.9 合作关系优化与团队绩效提升

作者：周善余 杨蓉

与合作伙伴之间的互动，即人际关系，对于绩效有着深远的影响。或许有些人会质疑这个观点，但实际上，人际关系是可以被量化的生产力，而且往往不需要投入大笔资金。

事实证明，通过改善人际关系改善绩效，有时比通过加薪和发奖金改善绩效更为有效！一方面，高效的合作和顺畅的沟通能够促进任务的顺利完成，减少误解和冲突，从而提高工作效率；另一方面，彼此之间的友好和尊重不仅能提高整个团队的士气，还能鼓励知识分享和创新。

2.9.1 项目背景

2019年，项目承包方SCC公司投入60余人参与了一个重大的IT创新项目。然而，从2019年年初至同年7月，该项目进展得非常不顺利，新系统未能如期上线、投入使用，导致SCC公司的员工与甲方之间频繁出现冲突。

与此同时，SCC公司内部也面临严峻的挑战——不仅要开发新系统，还要维持旧系统的运转，人手严重不足。

2.9.2 实施过程

在这个项目中，我们使用了多种学习、交流方法，确保全面的 4-D 系统应用和知识传递。

1. 课前学习

观看 4-D 系统入门视频和案例，并完成 TDA 测评。此外，为高管团队安排 TDA 测评教练，以帮助他们更好地理解和应用 4-D 系统。

2. 线下工作坊

根据项目推进面临的难点，采用 2+1 模式，即 2 天完整的 4-D 工作坊，侧重项目团队的社会场域改善；1 天"项目首要任务破局"工作坊，侧重项目进程中的难点处理。

线下工作坊要求项目中的高管团队全员参与，副总经理代表高管团队向管理团队做 TDA 测评报告解读；此外，为了给甲乙双方提供更多的共同语言和方法论，邀请甲方公司 IT 部门的多位项目经理参加该线下工作坊，以有效解决前期因为项目进展不顺出现的项目团队的社会场域问题。

3. 持续学习

在微信群内坚持打卡分享 4-D 系统学习和应用的成果，一方面为全公司学习和应用 4-D 系统营造氛围，另一方面为领导力培训、认知培训和技能培训打下坚实的基础。

项目团队的团队负责人不仅在言行上落实 4-D 系统的要求，还在具体细节上展示人性关怀。比如，行动学习项目实战适逢中秋佳节，项目总监特地乘坐飞机到项目所在地广州为团队成员送上中秋月饼。

2.9.3 项目成效

此项目的成效是显著的。正如项目总监在项目总结中说的："感谢公司人事部为项目组安排 4-D 卓越团队培训课程，帮助项目组进行转型，实现团队的自我提升，拉近与客户的距离。"

项目成效主要体现在以下方面。

1. 项目组的成功转型

此项目中有多个具有转折意义的里程碑。首先，交付时间比原计划提前了至少一个月，这不仅为公司节省了超过 100 万元的人工成本，还彰显了项目组的卓越能力；其次，12 月迎来割接的"天王山之战[2]"，进一步巩固了团队实力；最后，2022 年年初，项目组克服万难，为整个项目的成功交付画上了圆满的句号。

这一系列成绩充分证明了 4-D 系统的价值。4-D 系统不仅成功地帮助这个千万元级的项目克服了诸多困难，还在项目组转型的过程中发挥了关键作用。

2. 团队的自我提升

此项目采用了全新的合作模式，项目里程碑的出现对进一步优化双方的合作关系来说至关重要。4-D 系统的应用不仅有助于提升团队的整体素质，还有助于甲乙双方建立更加牢固的合作纽带。

此外，4-D 系统帮助甲乙双方提高了共情能力，共同发展出了同频的人际互动语言和行为习惯，从而进一步提高了合作的质量和效率。

2019 年 9 月底，该项目组的 TDA 测评报告显示，团队的社会场域（第五力）已经从处于中分位（属于高风险、低绩效区域）的 73%，上升到了高绩效、低风险区域的 80%。数据化地说，每提升一个百分点，对人工成本节省的贡献是 12.5 万元，对项目工期节省的贡献是 3.75 天。两次 TDA 测评对应的团队 8 个行为习惯的情况如图 2-15 所示。

2　"天王山之战"一词来源于山崎之战（发生在 1582 年 6 月的日本），指关键战役。项目组借用"天王山之战"命名系统割接这一里程碑事件。

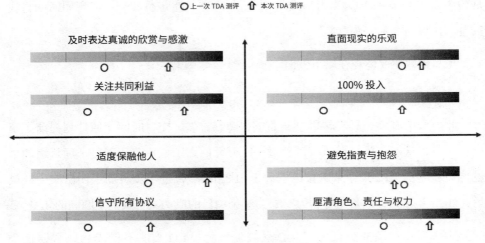

图 2-15 团队 8 个行为习惯改善对比图

根据图 2-15，大家可以发现，第 2 次 TDA 测评中，决定团队的社会场域的 8 个行为习惯全部处于良性区域，团队凝聚力也得到了提升，团队内的每个人都乐观、积极向上，就算遇到问题，也会想尽办法解决，得到很好的结果。

团队负责人、项目总监章先生在 4-D 系统导入期特别关注 2B 关注共同利益、6B 100% 投入、4B 信守所有协议这 3 项行为的情况，在这两次 TDA 测评报告的对比中，这 3 个行为的改善效果位列前三，正如 AMBR 所强调的：关注点在哪里，精力就投放在哪里，成效就显现在哪里。与此同时，4-D 系统的导入也带动了 1B 及时表达真诚的欣赏与感激，3B 适度包融他人，8B 厘清角色、责任与权力等行为习惯的改观。

3. 团队领导的个人成长

该项目团队能有效践行 4-D 系统，离不开公司主要领导和事业部领导的全程关注和参与，他们也在参与过程中感受到了团队的蜕变，以及与客户关系的改善。

来自项目总监章先生的反馈如下。

践行 4-D 系统前，项目组员工没有如今这样高昂的士气。现在看来，之前我们的确忽视了很多重要的东西，比如，我们以前很少给予彼此"欣赏与感激"。

践行 4-D 系统以后，我们在团队共创、团队建设层面做了很多工作，而且很有成效。

8 月 2 日，项目组会议结束后，我去了解了大家对 4-D 系统的看法。大家给我的反馈是 4-D 系统非常好，感觉践行得太晚。听到这些反馈，我的感触很大，感觉士气有变化，大家的积极性被调动起来了。通过团队共创，大家能够达成共识，能够有统一的目标了。

来自事业部张总的反馈如下。

通过践行 4-D 系统改善项目团队的行为方式和交付氛围是我的选择，但我没有想到效果这么明显和直接！4-D 培训后，我明显感觉项目团队有面貌与信心的双重提升，旧系统平稳运行、新系统连续有所突破，在年初，这完全不可想象。这是团队内部以及团队与用户思想高度合拍才能出现的效果，也是团队成员普遍达成"必须变才有救"的共识才能出现的化学反应。谢谢周老师和林老师，在我们最需要的时候点亮了前进道路上的一盏明灯！

这两年，我一直觉得，和用户坦诚沟通是一堵难以逾越的墙，因为过去累积了种种问题，但凡提一句困难，就被定性为态度不端正。这次让用户和团队有机会坐在一起，统一目标、相互倾诉和倾听，是我力推 4-D 培训的最大目的。感谢周老师帮我们建立了沟通的桥梁！

时任公司总经理的涂总经理反馈如下。

浙江××、广东××等重大项目的成功，充分证明 4-D 系统是助力项目成功的有效工具！所以，我们也要导入 4-D 系统，做出成功案例并推广！

在习惯性地关注资金对公司的作用的大环境中，我们还可以选择通过改善人际互动的习惯来改进绩效，让大家的工作幸福度得到显著提升——这就是导入 4-D 系统的价值所在。

感谢全情投入的 4-D 导师/教练周教练！感谢我们公司愿意相信并坚持践行、推广 4-D 系统的中高管们。

2.10 创业公司的团队建设和问题解决

有人说，互联网公司不需要管理，只要给员工提高薪资就可以解决大部分问题。这么说的人，大部分在"互联网公司"与谷歌、腾讯、阿里巴巴等巨头公司之间画了等号（即便如此，这种说法也漏洞频出）。这些人忽略了一个重要因素：这些公司的职业化程度和商业化程度都很高，吸引了大批高素质人才，这些人才通常具备较高的成熟度和学习能力。

对于初创企业，尤其是草根创业者来说，如果坚信提高薪资就能解决大部分问题，很可能会迅速陷入困境。这也是国内初创企业平均寿命异常短暂的原因。很多知名的投资者在讨论影响创业成功与失败的因素时，都特别强调创业团队，尤其是高管团队的重要性。

那么，是否有一种简单易行，且适用于团队成员以"80后""90后"为主的创业团队的领导体系呢？答案是肯定的。

2.10.1 项目背景

2016年年初，是车后服务创业项目频频立项的时期，我的几个朋友也跃跃欲试，共同创立了名为"橙易洗车"的公司，并成功获得了一家上市公司的天使轮投资。

然而，尽管初期充满激情，这家公司很快陷入销售和服务的双重困境，主要原因是高管团队过于专注事务性工作,管理策略出现了问题。2016年春节前,我受邀参与了这家车后服务公司的团队领导力优化项目,旨在重塑、提升其团队的领导力。

2.10.2　实施过程

数次与该公司的创始股东和执行团队进行深入沟通后,我决定为这个创业团队提供两次为期一天的4-D工作坊,协助他们解决问题。

1. 聚焦目标,逐个突破

针对团队的目标不清、共识不足、业绩不如意导致士气低落等问题,第一次工作坊聚焦于改善"直面现实的乐观"和"100% 投入"这两个行为习惯。

结合4-D流程和团队共创法,通过完成说明背景、书写式头脑风暴、澄清内容、分类归并、命名、投票达成共识这6个步骤,帮助团队明确公司的定位、未来3年的目标、2016年的具体目标及实施路径。这有效地解决了团队内的共识问题,激发了团队成员的工作动力。

2. 改善团队的社会场域

在第二次工作坊中,运用4-D系统,通过完成TDA测评,对公司管理团队进行了全面评估,帮助公司管理团队掌握能量管理工具AMBR的使用方法,以便其后续使用该工具改善团队的社会场域、优化团队成员的8个行为习惯。

3. 用行动学习巩固工作坊成效

工作坊结束后,我要求团队每天进行4-D系统践行打卡分享,并作为4-D导师/教练,提供实时的在线辅导,以营造改善人际互动关系、优化业绩赋能水平的线上4-D社会场域,让团队成员在良性的社会场域中持续改善人际互动言行,从而促进业绩的提升。

通过这一系列工作坊和行动学习,该创业团队的团队协作水平、领导力和绩效得以提高,面临挑战,拥有了有效的解决工具和解决方法。

2.10.3 项目成效

春节后，我进行了客户回访，客户反馈良好——他们不仅成功实现了预定目标，还提升了团队士气、改进了服务质量、稳定了骨干人才。

更令我惊喜的是，该公司不仅总经理在践行 4-D 系统，店长们也成功掌握了团队共创的方法，让其在日常工作和新城市的市场拓展中得以有效应用。这些应用不仅促进了团队协作和绩效提升，还为公司未来的发展奠定了坚实的基础。

以下是该公司总经理关于推行 4-D 系统的反馈。

我们采用 4-D 共创的方法召开了店长会议，共创了两个内容。

一是找到工作重点。聚焦本周洗车质量中存在的重点问题，先通过头脑风暴，详细罗列问题并将问题可视化，再对问题进行归纳和分析，最终通过投票，选出本月需要优先解决的 3 个问题，将其列为工作重点。

二是共创出店长今年的工作目标和激励方法。

会议效果显著，不仅成功实现了节后员工快速进入工作状态的目标，还有效地解决了大部分骨干员工的工作稳定性问题。

节前，我们的洗车质量明显下滑，然而，通过共创，各位店长都找到了解决问题的方法，员工的态度从被动转变为主动，用户的反馈也变得更为积极。4-D 共创，为我们解决问题和提升绩效提供了强有力的支持。

虽然 4-D 系统帮助这家公司有效解决了当时经营管理中的难点问题，但是，由于资金周转困难和赛道选择有误等问题，这家创业公司在一年后不幸倒闭。

这些问题，属于查理博士所说的"团队 7 宗罪"（在本章第 4 节"4-D 系统项目化实施流程"中有详细罗列），4-D 系统无法解决这些团队根因问题，如果团队有严重的根因问题，更有效的举措是做管理咨询。

第三章

4-D 系统在亲子教育和个人成长中的应用

4-D 系统为实现良好的人际互动提供了强有力的工具，践行 4-D 系统，尤其要注意掌握应用 AMBR 进行转念的方法，以及明确 8 个行为习惯。

在家庭关系中应用 4-D 系统，可以极大地改善亲子关系，营造和谐的家庭氛围。比如，父母能够更好地理解和管理自己的情绪，从而更好地引导孩子成长；能够加强亲子信任，提高沟通效率，培养孩子的情商和社交能力。在孩子成长的早期阶段，坚持践行 4-D 系统尤为重要，因为它有助于塑造孩子的价值观、道德观，强化其自我意识，为孩子的未来发展奠定坚实的基础。

3.1 亲子关系认知与方法论概述

作者：张坤阳

如何优化亲子关系是一个永恒不衰的话题。

每位家长都渴望看到自己的孩子在成长过程中达到他们心中的要求、标准，同时与他们保持和谐的亲子关系。然而，家长和孩子都有自己独特的天性，如果不掌握有效的技巧，无法根据不同的个体和具体的情境进行灵活调适，建立和谐的亲子关系将会举步维艰。

建立和谐的亲子关系，需要家长具备灵活性，理解并尊重每个家庭成员的个性和需求，以确保亲子关系建立在互相理解和尊重的基础之上。学习和应用4-D系统，可以帮助家长更好地应对不同的天性特点和具体情境，进行更健康、积极和协调的亲子互动。通过调适自己，适应孩子和其他家庭成员的行为习惯，家长可以为亲子关系的发展创造更加有利的环境。

3.1.1 不同天性的家长的行为风格

不同天性的家长，如果没有经过适当的培训和习惯养成，通常会按照自己惯有的行为习惯来对待孩子，这种情况，往往比较容易引发冲突。了解自己的天性，对于建立和谐的亲子关系来说至关重要。

以下是不同天性的家长可能在亲子关系中表现出来的行为风格。

1. 以绿色天性为主导天性的家长

这类家长关注孩子的情感和感受,强调建立轻松、愉快的亲子关系,遇事以表扬为主;注重与孩子合作、互动,却经常忽视结果和原则,主张开心就好;有时可能在表达方面缺乏重点,且倾向于纵容孩子。他们通常会采用更宽松的方式来与孩子互动,以确保亲子关系始终温馨、融洽。

2. 以黄色天性为主导天性的家长

这类家长同样非常注重孩子的情感和感受,害怕孩子受委屈,可能为了保护孩子而不顾原则;有温和和过度保护的特点,很可能溺爱孩子,甚至可能替孩子完成本应由孩子自己完成的任务。他们希望为孩子创造安全、舒适、温馨的环境,以确保孩子不会在成长过程中受伤害。

3. 以蓝色天性为主导天性的家长

这类家长更加注重事情本身,强调结果和效率,倾向于用命令控制孩子的行为,忽略孩子的情感和感受;缺乏耐心和理解,很少给孩子表达自己的观点和感受的机会,容易在孩子面前表现不满或生气。他们使用的方法确实有助于事情的顺利推进,但有时会给孩子过多的压力和限制,抑制孩子的自主性和创造力。

4. 以橙色天性为主导天性的家长

这类家长更专注于事情的处理过程,较少考虑孩子的感受;常常以批评为主,强调孩子需要按照家长设定的规则行事;坚守原则,倾向于不断为孩子提供指导并实时修正其不良行为,注重传授道理。他们使用的方法确实有助于培养孩子的纪律性和自律能力,但会对孩子的情感需求和个性差异造成负面影响。

3.1.2 与不同天性的孩子的相处之道

我经常听到有家长抱怨:"为什么别人家的孩子自觉、上进、认真,不用管也能好好学习,我的孩子却不听话也不自律?为什么别人家的孩子自信、乐观、有想法,我的孩子却胆小、内向、缺乏自信?为什么别人家的孩子发展特长时可以长时间坚持，我的孩子总是三分钟热度，动不动就放弃？……"

这是为什么呢？主要原因在于不同孩子的天性是不同的。

有人说，天性是无法改变的；也有人说，天性会受后天教育的影响。这两种观点都有道理。无法改变的，是遗传的部分天性；可以改变的，是受环境、教育影响，慢慢优化的部分天性，表现出来，就会导致行为风格的变化。举个例子，一个天性内向的人，会因为从小受到相关培养，经常上台演说而不怯于当众说话，或者因为工作需要，成为一个看似开朗的人。

同一种方法，别人家孩子用起来有效，自家孩子用起来就可能无效。这并不是自家孩子有问题，而是家长没找到适合自家孩子的方法。每个孩子都与生俱来4种天性，只是其中一种天性在某种程度上更为显著，成为主导天性。4种天性没有好坏之分，重要的是如何有效利用主导天性的特点，促进孩子的发展和成长。

1. 以绿色天性（"培养型"天性）为主导天性的孩子

他们活泼可爱，人见人爱，花见花开；注重情感和感觉，喜欢积极参与各种活动，特别是团体活动，乐于和大家交流、沟通；不太擅长自我管理，缺乏耐心，不愿意听别人"唠叨"；重视友情，非常讲义气，乐于创造欢乐；富有探索精神，是行走的"表情包"；通常更看重快乐，不太注重规则，喜欢用灵活的方式处理生活中的问题；通常有出色的口才，喜欢演讲和上台表演，对新鲜事物充满好奇，热衷于尝试各种新的生活体验，不太喜欢独处；在行动上的付出相对较少，经常忘记答应过的事情，执行不到位，而且不容易静下心来，不容易认真做细节方面的事。

与这类孩子相处的技巧如下。

①家长需要很有耐心，协助他们制订计划并及时提醒他们按时推进计划。

②家长需要尊重他们的选择权，允许他们尝试和犯错，尽量避免在没有征得他们同意的情况下给出过多的规则。

③他们没有完成答应过的事情时，家长需要控制情绪，尽量避免过分责备，

比如："你不是答应过吗？怎么每次都这样，每次都忘了！你看看别人家的孩子，多自觉！"这会给孩子较大的压力和挫败感。

④家长不要轻易拿别人家的孩子与他们做对比，尽量避免给他们施加过多的压力。

⑤家长需要多给他们一些自由时间和玩乐体验，以他们的快乐为导向来陪伴和启发他们。

2. 以黄色天性（"包融型"天性）为主导天性的孩子

他们愿意听从家长和老师的建议，但不太愿意表达自己的内心感受，缺乏自信心，常常委曲求全；愿意付出，怕得罪人，不爱争执，喜欢与身边人和平相处，言行谨慎，不喜欢引人注意，视人际关系和谐和稳定重于一切，是大人眼中的"乖孩子"；擅长处理细节问题，会尽力完成家长和老师交代的任务，尽管速度可能不会很快，但会坚持到底；喜欢参加团体活动，虽然可能不是最活跃的成员；为了让家长、老师或同伴开心，愿意妥协和屈从，甚至可能会做一些自己并不特别喜欢做的事情。

与这类孩子相处的技巧如下。

①家长需要给予格外的关心和理解，多鼓励他们大胆表达自己的想法和情感，尽量不要批评他们，避免给他们施加过多的压力。

②家长需要理解他们的需求，尽量不要直接拒绝他们的要求，应尽量满足——没到忍无可忍的地步，他们是不会轻易提要求的。

③家长需要主动关注他们，常和他们谈心，避免他们内心的情感长时间无处宣泄。压力穿透他们的底线和承受能力时，他们就会如炸弹爆炸一样，做出常人难以想象的事，甚至可能会做出极端的事。

④家长最好不要表扬他们"听话"，要引导他们拒绝不合理的要求，在他们勇于拒绝时，给他们点赞。

3. 以蓝色天性（"展望型"天性）为主导天性的孩子

他们拥有独立的思想和坚定的意志，认为只要自己喜欢，没有什么不可能；有较强的挑战精神，思辨能力强，不容易受他人意见的左右，也不太喜欢控制情绪；言行坦率，动作迅速，视创新重于规则，倾向于根据事情的结果优劣衡量成功与否，而不是拘泥于规则；面对真心认可的事情，会为了实现目标而全力以赴，高效、高质量地完成任务；喜欢与兴趣一致的伙伴相处，对于不感兴趣的事情，通常不太愿意参与；不太擅长处理细节方面的事。

与这类孩子相处的技巧如下。

①家长需要尊重他们的自主权，多授权给他们，在他们身后把握大方向就好。

②家长最好不要直接命令他们，不要强行要求他们按规则办事，家长的陪伴或引导方式不合适时，他们会有比较强烈的叛逆心理。

③家长可以引导他们确定自己的目标，让他们自主研究实现目标的方法，重点是不过多干涉过程和细节，即以探讨的方式让他们自主寻找合适的方法，不直接告诉他们答案。

④在选择兴趣爱好时，只要是正向的，让他们自由选择，如在学习乐器这件事情上，一定要让他们自由选择老师、乐器，家长只做引导和建议；

⑤家长可以通过协助他们更好地实现目标来引导他们控制情绪，尽量避免使用"这样不对"等语言来说服他们。

4. 以橙色天性（"指导型"天性）为主导天性的孩子

他们能够遵守规则，乐于完成任务，但希望能够按照自己的方式完成任务；会按时完成作业，并且能够保持干净、整洁；乐于思考，有一定的分析能力，是一个称职的"军师"；喜欢给不按规则办事的伙伴纠错，视规则重于一切，经常注意到事物的不完美之处；对自己和伙伴的要求比较高；喜欢独自完成任务，朋友圈较小，只与少数几个亲近的伙伴亲密交往；能用最完美的方式完成任务，当遇到违反规则或自己不认同的事情时，会坚决反对，坚守原则。

与这类孩子相处的技巧如下。

①家长需要在陪伴他们的过程中明确规则和计划，并信守承诺，不要随意许诺，许诺后做不到时要及时和他们沟通。

②家长需要多启发他们独立思考，鼓励他们按自己的方式完成任务。

③家长需要多和他们探讨、分析，让他们在完美的方案和合理的效率之间做选择。

④家长需要引导他们关注交流时的情绪，让他们明白保持良好的关系和讲清道理一样重要，鼓励他们尝试用温和的方式与他人沟通。

⑤家长需要尽量避免和他们争论细节和对错，多引导他们从现实目标出发分析事情，多和他们探讨人物关系、性格，提升他们的包融能力。

3.2 营造支持学前儿童成长的环境

作者：林化真 / 瓜爸

2020 年年初，我参加了林健老师在福州交付的 4-D 系统培训公益课，开始把 4-D 系统应用在亲子关系中，并坚持每日练习、打卡、反思、改进。那一年，我的儿子瓜哥 4 岁。

践行 4-D 系统的 3 年，刚好是瓜哥从幼儿园小班到大班的 3 年。瓜哥的自主意识越来越强，想法越来越多，4-D 系统如一场及时雨，滋润着瓜家，减少了瓜家的亲子冲突。我在家远程办公，瓜哥读绘本、听故事、运动、做手工或玩游戏，大家和睦相处，其乐融融。

让我引以为豪的是，3 年中，作为一个理工科背景的爸爸，我陆续记录、整理了 200 多篇关于如何应用 4-D 系统养育孩子的自媒体文章。以下是从开心吃喝、快乐起居和出门在外 3 个方面进行的实践案例记录。

3.2.1 开心吃喝篇

瓜哥以前不爱吃饭，每到饭点，全家人都烦心。后来，我开创了一个"用 4-D 系统陪伴幼儿开心吃喝法"，瓜哥再也不会"不吃饭"了。

简单地说，该方法的应用技巧如下。

用 AMBR 管理我和瓜哥的心态,在积极和爱的心态中,找到"共同的利益和兴趣"——瓜哥的关注点从吃蛋黄、稀饭变成吃"太阳",还自己创造出"月光",吃早餐的难题及可能出现的冲突随之消失。其实,在非原则问题上,不需要和孩子较真,以假乱真等游戏方式更能吸引孩子的注意力,并激发其想象力。

A 关注点:瓜哥吃早饭时,把瓜妈煎的鸡蛋外围的蛋白吃掉后,剩下圆圆的蛋黄和半碗稀饭,不肯继续吃。如何让瓜哥愉快地吃完蛋黄和稀饭呢?

M 心态:我觉察到了自己的情绪变化,如果直接把生气的情绪表露出来,可能会导致冲突的发生。怎么办?(转念)估计瓜哥对蛋黄和稀饭失去了兴趣,得想办法用蛋黄"吸引"瓜哥。这么想着,我的情绪渐渐平复。看着"火红"的圆蛋黄,我突然有了主意。

B 行为:"哇,太阳升起来啦,我要吃掉太阳。"我指着蛋黄对瓜哥说。"我要吃掉太阳!"瓜哥立刻跟着说,然后咬了一口蛋黄。"太阳慢慢落山了……"我继续说,瓜哥继续吃蛋黄,结果,"太阳"迅速消失了,稀饭也少了。"哇,还有阳光!"我又指着炒蛋说。"哇,还有月光。"瓜哥不甘示弱,眼睛一亮,指着碗里的稀饭说。就这样,瓜哥开始吃"阳光"和"月光"。

R 结果:蛋黄变太阳,稀饭成月光,日月落入黑洞,瓜哥的肚子里充满了"日月之辉",愉快地吃完了蛋黄、炒蛋和稀饭,能量爆满,开始了快乐的一天。

3.2.2 快乐起居篇

睡觉不让关灯、清晨不肯起床、洗澡时玩得不亦乐乎以至于浪费了大量时间……这些都是瓜哥成长过程中的常见问题。我发过不少火,作用不大,最后用 4-D 系统一一解决。

以解决"睡觉不让关灯"问题为例,我主要关注 4-D 系统的 8 个行为习惯中的第二个行为习惯和第三个行为习惯。第二个行为习惯——关注共同利益,我将关注点从"关不关灯"上调整到"能不能睡好觉"上，目的发生变化，就会有不同的想法出现；第三个行为习惯——适度包融他人，可以帮助我们营造良好的氛围。

以下是具体操作过程。

1. 场景一

A 关注点：晚上 10 点多，讲完绘本故事后，没睡午觉的瓜哥该睡觉了，可是瓜哥不让关台灯，他希望开着灯睡觉。

M 心态：以橙色天性为主导天性的我强行给瓜哥灌输程序化逻辑——先关灯，再睡觉。瓜哥太任性，有点不可理喻，我有点着急和焦虑。

B 行为："不关灯就没法好好休息，第二天就没法开心地玩，也会影响爸爸上班。"我强硬地表态，但是，瓜哥依然坚持不关灯。瓜妈也前来助阵，但效果不明显。于是，我先礼后兵，拔了台灯的电源线，强行关灯。

R 结果：瓜哥哭了一会儿后睡着了。

2. 场景二

A 关注点：瓜哥睡觉不让关灯，我强行关了灯，这个问题依然没有得到彻底解决。我开始思考第二天晚上如何让瓜哥愉快地睡觉。

M 心态：对于强行关灯的行为有点后悔，（转念）只要瓜哥能睡着，开着灯睡觉也行（3B 适度包融他人），我戴上眼罩休息，不会受影响（5B 直面现实的乐观）。

B 行为：我向瓜哥道歉，表示不应该强行关灯，并允许瓜哥不关灯睡觉，前提是要闭着眼、安静地躺着，不能讲话（8B 厘清角色、责任与权力）。睡觉时，瓜哥拉开了窗帘，开了"户外灯"，我没有阻止（4B 信守所有协议）。

R 结果：瓜哥闭着眼、安静地躺了一会儿，很快就睡着了。

3.2.3 出门在外篇

陪伴瓜哥成长的过程中,还有很多问题,比如想带他出门,但他不愿意;和伙伴们玩时,他不愿意分享玩具等。

关注第三个行为习惯——适度包融他人,可以引导孩子与他人融洽相处。首先,我们要尊重孩子,培养孩子的物权意识;然后,逐步通过对 4-D 系统的应用,激发孩子的兴趣,帮助其获得成就感;最后,构建信任、和谐的社会场域,抹平孩子间互动、玩耍的障碍。

举例如下。

A 关注点:晚饭后,瓜哥带着 4 个爆裂变形恐龙蛋和 3 辆玩具车,跟着瓜奶奶在楼下玩。看到摆在地上的恐龙蛋和玩具车,邻居家的弟弟和妹妹想玩一会儿,瓜哥坚决不同意。

M 心态:担忧,瓜哥不懂得分享,希望瓜哥可以改变。(转念)与其担心,不如行动。爱惜自己的玩具是孩子的天性,不是他不想分享,而是我没找到促使他分享的动力点。瓜哥有什么个性特点?聪明、好强。那就从这儿下手吧。

B 行为:"妹妹很想玩,你跟妹妹一起玩好不好?你把恐龙蛋放在车上运过去给妹妹,妹妹再运回来?"我对瓜哥说(2B 关注共同利益)。瓜哥无动于衷。"恐龙蛋会变形,妹妹不知道怎么玩,你教妹妹玩好不好?"我接着说。"可是妹妹还没说她想玩哪一个恐龙蛋呢。"瓜哥嘟囔着说。站在一边的妹妹听到后,立刻选了一颗绿色的恐龙蛋,递给瓜哥。瓜哥接过妹妹手里的恐龙蛋,立刻为妹妹表演了如何将恐龙蛋变形为恐龙,并把恐龙递给妹妹,教她如何将其变回恐龙蛋。"都会当老师了!"我和瓜奶奶一起表扬瓜哥(1B 及时表达真诚的欣赏与感激)。

R 结果:瓜哥分享了恐龙蛋玩具,妹妹玩了绿色和蓝色的恐龙蛋,弟弟玩了黄色和红色的恐龙蛋。

关注第一个行为习惯——及时表达真诚的欣赏与感激,可以激发孩子探索、学习新知和新技能的勇气。心理学家威廉·杰姆斯曾说，人性最深层的需求，是渴望被别人欣赏。所以，及时表达真诚的欣赏与感激这个行为习惯在 4-D 系统中的 8 个行为习惯里被列为第一个需要养成和展示的行为习惯。在孩子尝试学习、掌握一项新本领时，家长可以通过表达对孩子行为的欣赏，并且适当示弱，寻求孩子的帮助后表达感激之情，提高孩子对新本领的兴趣，助其彻底掌握该本领。

讲个故事。我们一家去福建省南平市顺昌县游玩的第一天，瓜妈的舅舅充当导游，全程接待，一天内带我们走了 3 个景点。从观静山南大门出来后，瓜妈买了瓜哥很喜欢吃的糍粑粉，不一会儿，瓜哥就把糍粑粉一扫而光。

A 关注点：旅途中，瓜哥经常让大人抱着。

M 心态：30 多斤的瓜哥，抱起来很吃力。如何让瓜哥愿意自己走，锻炼身体、耐力和毅力呢？看到瓜哥吃糍粑粉后活力满满，心想可以借这个点来给瓜哥加油。

B 行为：我表扬瓜哥吃了糍粑粉后能量十足，不仅会拉着爸爸狂奔，还会在爸爸刹不住车时及时拉住爸爸（1B 及时表达真诚的欣赏与感激）。

R 结果：瓜哥听后很开心，除了中午困极了时让大人抱了一会儿，几乎全程自己走。

以上是使用基于 4-D 系统的 AMBR 和 8 个行为习惯陪伴瓜哥健康、快乐成长的案例，实践表明，瓜哥越来越开朗、自信了。

如今，瓜哥可以骑行 30 公里颇感轻松，户外登山整整一天游刃有余，花样跳绳数十分钟乐在其中，羽毛球教练常夸他悟性高，还为他打下了学乒乓球的基础。课堂上，瓜哥学习热情高涨，学习成绩优良，同时不忘进行课外阅读；家里，瓜哥常常主动承担切菜、洗碗等工作，待人有礼，心怀感恩，社交模式也得以逐步改良。

3.3 应对孩子不良习惯的有效策略

作者：张坤阳

让孩子改变一个不良习惯，容易吗？不容易。让孩子理解成人的思维，容易吗？更不容易。孩子听不懂，部分家长就会愤怒地责怪孩子笨。许多家长曾抱怨，为什么自己的孩子总是不听话，别人家的孩子都那么好，其实，亲子教育考验的是家长。

暑假期间，我太太5岁的外甥来我家玩。我应用4-D系统，帮他改掉了不好好吃饭的不良习惯。

3.3.1 背景

小家伙的父母长年在外打拼，他平时主要跟爷爷和奶奶一起生活。他那年轻的爸爸和妈妈没有亲子教育的经验，平时也忙，很少陪儿子，以至于小家伙养成了较多的不良习惯。比如，吃饭。如果没有人管他，他1个小时也吃不完，一会儿抓抓头，一会儿摸摸脚，经常在椅子上乱动，甚至会不小心从椅子上摔下来。

面对小家伙的不良习惯，长辈们的表现通常如下。

爷爷一脸溺爱，笑着说："乖，好好吃饭呀。"小家伙一脸"天下霸王就是我"的表情，傲娇极了；爸爸常常严厉地命令他："你快点吃，怎么这么慢！"

小家伙有时候会动几下筷子，做出吃饭的样子，有时候会掉眼泪；奶奶经常大吼大叫地纠正他："手不要去摸脚，扶好碗，跟你说过多少次，你没长耳朵啊！"小家伙有时候完全没反应，有时候会掉眼泪；妈妈呢，可能觉得小家伙这样很正常，基本不管。

不难看出，爷爷以黄色天性为主导天性；爸爸以蓝色天性为主导天性；奶奶以橙色天性为主导天性；妈妈以黄色天性为主导天性。在这样的家庭氛围中，小家伙一会儿被命令，一会儿被批评纠错，一会儿被溺爱，就是没有被真正地理解过。

太太和女儿小妞一起"挑战"我，说："你号称自己是亲子教育高手，就尝试引导小家伙更改一下吃饭的'恶习'吧！"面对挑战，我跟小家伙的奶奶，也就是小妞的外婆沟通了一下，约定在这个月，小家伙吃饭的事归我管，无论发生什么事情，都要配合我。小妞的外婆勉强答应了——带着一脸不信任的表情。

3.3.2 调整过程

我认真观察小家伙，发现他最喜欢做的事是吃完晚饭和奶奶一起去公园玩。有一天晚上，因为吃饭时间太长，吃饭后没时间去公园玩，还哭闹过一回。被奶奶吼、被爸爸批评的时候，他总是会自我屏蔽，唯有我能经常跟他平等聊天，整体上说，他对我是比较有信任感的。

基于以上情况，我开始跟小家伙聊吃饭的问题，具体沟通过程如下。

1. 表达欣赏（调动绿色天性）

我说："你在我家玩时表现非常好，我很喜欢你来我家玩。"小家伙一听，很开心。

2. 分析原因（调动橙色天性）

"不过，有一点，我想和你聊一聊。你吃饭的时候，是不是太慢了？"小家伙听后，脸上的笑容消失了，有点委屈，没回答我。我继续说："我觉得吃饭不够快，不是你的问题，是爸爸、妈妈、爷爷、奶奶没跟你说清楚怎么正确地吃饭，对吧？"

小家伙立刻点头答"是的"，我说："那今天我们一起讨论一下吃饭的正确方法，看看怎么吃才能快一些，好不好？"小家伙继续点头。

"你觉得吃饭快一些对你有没有好处？"我问。听罢，小家伙一脸茫然，于是，我继续说："吃饭快，晚上是不是就可以去公园玩？上一次因为吃得太慢了，就没时间去公园玩了，对不对？"小家伙点点头。

"吃饭前是不是要洗手？"我问，小家伙点头。"坐椅子的时候，是不是坐在椅子中间比较安全？记不记得有一次，你坐椅子边上，掉了下来？"小家伙继续用点头表示认同。

"吃饭过程中，手要扶好碗，不摸头，不摸脚，半小时一定能吃完饭！我觉得你这么厉害，只要愿意，肯定可以做到。"我信誓旦旦地说，"现在，我们一起把吃饭时需要怎么做说一遍，好不好？"

经过 5 次重复，小家伙终于可以把吃饭要注意的事按顺序说清楚了，其间，我不停地竖起大拇指，鼓励他、表扬他，表示他做得很不错，这么短的时间内就能记住正确的吃饭顺序。

3. 制定目标（调动蓝色天性）

我和小家伙达成共识，我们要按约定的顺序吃饭。

第一周，每次吃饭前，我都笑着问小家伙，吃饭应该怎么吃？3 天后，小家伙就可以很快速地说出来了——洗手，坐在椅子中间，手扶碗，不摸头，不摸脚，快快吃完。每次，无论回答得好不好，我都表扬他："真棒！"

前 3 天，他还是会不自觉地按照原有习惯吃饭，一会儿摸摸头和脚，一会儿移动到椅子边上去玩，一会儿东看看西看看，忘了吃饭。每次我都笑着提醒他，你还在椅子中间吗？你的手在哪？时间已经过去了多久？每次他听到我的提醒，都能快速更正错误行为。每天，我都表扬他，表扬的内容是今天摸头或摸脚的次数比昨天少了、今天坐在椅子中间的时间比昨天长了、今天吃饭的整体速度比昨天快了××分钟。

4. 陪伴成长（调动黄色天性）

有一天，晚上快8点我才到家，发现他还坐在饭桌旁，又回到了原来的样子。我笑着问："你今天怎么还没有吃完饭呀？超过时间了，今天晚上就没有时间去玩了！"小家伙立刻委屈得掉眼泪，闹着让奶奶陪他去玩。他奶奶按事先约定好的回答说："太迟了，没办法去玩了。"小家伙哭闹了十多分钟后，自己玩玩具去了。

第二天吃晚饭时，我特地提醒小家伙："你是想快速吃完饭后去玩，还是想慢慢吃饭，不去玩？这是你的事，由你自己定。"小家伙很认真地说要快速吃完饭，然后去玩。

3.3.3 成效

上述整个过程都围绕着4-D系统主张的"先人后事"原则进行，先理解小家伙的心情，与他共情，让他愿意做出改变；再约定事情应该怎么做，共同努力，陪伴他好好吃饭。

一个月过去了，只要我在饭桌上，他基本能做到每次摸头、摸脚、乱动的次数少于5次，吃饭时间在30分钟左右。虽然偶尔仍需要善意提醒，但基本达到了预期效果。暑假结束，他回老家去了。

很多家长会一门心思地寻找解决孩子的问题的良药和方法，却忽视了病根到底在哪。如果家长病了，找药给孩子吃，病能治好吗？作为家长，需要用合适的方法长期陪伴孩子成长，在陪伴孩子成长的过程中，最需要做的是控制好情绪，不要让情绪问题在家长和孩子之间筑起一道屏蔽墙。

3.4 引导孩子提高自我管理能力的技巧

作者：张坤阳

很多家长希望孩子至少有一个特长，带着孩子发展特长，是家长培养孩子的自我管理能力的重要途径之一。乐器是一个常见的特长选项，家长大多希望孩子能够勤学苦练，最好考个级、拿个证书，然而，很多孩子因为学习乐器而"痛不欲生"。这种情绪处理不好，一方面很可能成为孩子叛逆的火种，另一方面很可能导致家长和孩子之间出现沟通障碍。

3.4.1 背景

我家小妞，最早学习的乐器是小提琴，学了大概半年，不学了，转而学古筝，3个月不到，又不学了，说要学钢琴，学了两个月，兴致很高，于是，太太给她买了钢琴，跟她约好，要坚持学下去。

学了一年多，小妞又想放弃了。这回，太太不乐意了，给小妞讲道理："你尝试过几种乐器了，当初说好了会坚持弹钢琴的，钢琴都买了，你现在说不弹就不弹了？"小妞说，她觉得弹钢琴很无聊，总是弹同样的曲子，练无聊的指法。太太生气了，说："不行，一定要坚持！要想弹得好，考过级，练习基本功是必需的，你连这点苦都吃不了，长大了能有什么大作为？"

自从进入这种"被迫弹钢琴"的状态,小妞多次一边掉眼泪,一边弹琴,对于钢琴课也没了以前的热情。她变得闷闷不乐,家里的氛围也阴沉沉的。我与太太聊此事,太太说,她和钢琴老师沟通过小妞的现状,老师说,只要再坚持2~3个月,就会好起来,每个小孩学到一定程度都会有这种情绪。然而,过了3个月,情况不仅没有好转,反而更加恶化了。

有一次,小妞爆发了,一边哭,一边大力拍打钢琴,说:"我不弹了!我是玩音乐的,我玩的是快乐和情怀,我不是练乐器的,不是考级机器人,你们为什么要逼我练琴和考级,你们不是说会尊重我的选择吗?"发泄片刻后,她冲进房间,狠狠关上门,继续大哭。

这次事件对我的触动非常大。小妞说的话很有道理,乐器演奏是一种艺术,并不是单纯的技能,更不是只能用考级来衡量。

3.4.2 调整过程

针对小妞抗拒继续练琴一事,我与太太进行了一次深聊:我们是否要培养一个伟大的钢琴家?小妞是否有成为钢琴家的能力?我们的结论是:小妞成为钢琴家的希望非常小。另外,上初中后,小妞还弹不弹钢琴?如果要弹,为什么一定要在小学毕业前考完十级,天天苦练考级曲?如果不弹了,那么,小学毕业前考完十级又有什么意义呢?我们强制小妞这么痛苦地练琴,只是为了让她手中有个证书吗?这是我们所追求的吗?

我向太太分享了一个案例。我有一个朋友,小时候很喜欢打羽毛球,但家长不支持,要求她练钢琴。无奈,她只能顺应家长的期待考过了十级。成人后,她基本不再碰钢琴,而是请教练每周教她打羽毛球,后来,她拿到了很多业余羽毛球比赛的奖。

与太太达成共识后,我找了一个机会,应用4-D系统与小妞进行了一次沟通。

1. 适度包融，关注共同利益与兴趣

我问："小妞，如果不对练习时间进行要求，你是否愿意继续弹钢琴？"

小妞回答："就算不对练习时间进行要求，我也不想继续弹钢琴，我对钢琴已深恶痛绝，想尝试其他乐器。"

我同意了。经过深入沟通，我决定带她去学吉他。我对吉他老师说，不要过于追求质量，只要小妞学得高兴就好；也不用严格按教材教，只教她基本指法，让她自己选择喜欢弹的歌，老师帮忙指点即可。

2. 应用 AMBR 化解冲突

应用过程一如下。

A 关注点：我们强制小妞坚持弹钢琴，想让小妞把钢琴指法练好，争取尽快考级，然而，小妞很抵触这个安排。

M 心态：生气，我们觉得她只有勤练习，才能掌握钢琴指法。

B 行为：每天强行督促小妞练习。

R 结果：小妞一边掉眼泪，一边练习，对钢琴产生厌恶情绪，心情不好，家里氛围随之变得阴沉沉的。

应用过程二如下。

A 关注点：小妞爆发后，我和太太做出调整，希望小妞快乐，在快乐中感受音乐。

M 心态：她怎么高兴就怎么玩。

B 行为：经常陪她和一群孩子上街头或者去野外玩吉他，有时候她一周不练习弹吉他也不管她。

R 结果：她无比快乐地沉浸在音乐世界里，甚至学会了自己编曲。

3.4.3 成效

我们不再要求她每天、每周练习多少次、多久,也没有提考级要求。她高兴时,一周弹三五次;不高兴时,一周一次都不弹。小妞的心情越来越好,家里又充满了她的笑声。我们经常陪她和一群孩子上街头或者去野外玩吉他,每次,我们都会给她点赞,鼓励她试着编曲。一开始,她会编一句、两句,后来,兴致来了,甚至会主动用钢琴弹一弹自己编的曲。

她读三年级时的暑假,在我们去桂林亲子游的过程中,她创作了一首歌,名为《幸福心愿》,歌词特别美:你的梦想我了解,登上玉龙去看雪;你的心愿我明确,闭上眼睛看世界。爱是最终的心愿,也是幸福的终点。换个角度看世界,让那闪光从心绽放……

我和太太听到她自弹自唱的时候,激动不已,庆幸自己最终选择了支持她按自己的方式感受音乐。

读六年级时,小妞已经创作出很多曲子了。

孩子的玩乐体验,或许无法达到各位家长的预期,但孩子不会白体验。如果小妞没接触过那么多乐器,可能很难有自己的音乐情怀,也很难写出自己的歌。

小妞的人生信条是"吃好、玩好、干好,一样不能少",梦想是"看遍天下美景,吃遍人间美食"。她喜欢玩音乐、玩美术、玩游戏、玩写作,最喜欢旅行和野外运动。她曾被评为福州市三好学生,是大家眼中的"学神"。在老师和其他家长的眼中,她最大的优点是热爱生活、无比快乐。让我最开心的是,小妞称我为"闺密老爸"。

3.5 培养孩子人际互动能力的智慧

作者：张坤阳

培养孩子的人际互动能力对他们的成长和发展而言非常重要。作为家长，要引导孩子恰当地处理与小伙伴之间的分歧和争执，鼓励孩子积极建立友情。良好的人际互动能力有助于孩子建立健康的人际关系，理解他人的感受和需要，学会合作与沟通，以及妥善处理各种社交问题。

3.5.1 背景

小妞读三年级时，暑假期间，4个妈妈带着4个孩子一起游泰国。一从泰国回来，小妞就急匆匆地找我："爸爸，快来评评理！"到底发生了什么事呢？

泰国游的第一天，大家都玩得很开心，骑大象、给大象洗澡……不亦乐乎。然而，第二天，问题出现了，嘟嘟妈（以橙色天性为主导天性）在没有事先征求孩子们同意的情况下，要求4个孩子把各自的一壶水喝完，才能玩iPad。

嘟嘟，以橙色天性为主导天性，她很快就按妈妈的要求把水喝完了。

多多，以绿色天性为主导天性，一听到可以玩iPad了，她非常开心，大喊："可以玩iPad了，妈妈把iPad给我！"多多妈让她去把水喝完，于是，多多拿起水杯仰头狂喝，一不小心被水呛着了。看到嘟嘟已经把水喝完了，多多又跑到妈妈那儿，开始撒娇，说了一堆甜言蜜语："我一边玩 iPad，一边喝水，我一定会把水喝完的，好不好？"多多妈（以绿色天性为主导天性）一看多多急得都被呛着了，于心不忍，便找了一个借口带着多多回自己的房间，给多多玩了 iPad，并告诉多多不能告诉其他小朋友。

小妞，以蓝色天性为主导天性，她喝了一大半水后，发现喝不完，在很想玩 iPad 的情况下，她把没喝完的水倒掉了。

乐乐，以黄色天性为主导天性，一直努力地想把水喝完。喝呀喝，怎么也喝不完。她看到好朋友小妞把水倒掉了，于是，跟着把没喝完的水倒掉了。

嘟嘟看到两个小伙伴不守规则，立刻向妈妈们告状。小妞知道嘟嘟向家长告状后，很生气，对乐乐说："嘟嘟背叛了我们，我们不跟她一起玩了。"

3.5.2　调整过程

因为主导天性不一样，所以 4 个孩子的想法和做法必然不一样，出现矛盾并不奇怪。

小妞是以蓝色天性为主导天性的小孩，她的想法是：提出这个要求没和我商量过，为了达到玩 iPad 的目的，在实在喝不完水的情况下，可以想个办法——把余下的水倒掉。她觉得自己没有错。嘟嘟把倒水的秘密告诉了家长，她觉得自己被出卖了，所以很生气。

乐乐是以黄色天性为主导天性的小孩，她也喝不完水，看到小妞把水倒掉了，她觉得这个办法好，于是她也倒了水，很开心。听小妞说嘟嘟把倒水的秘密告诉了妈妈后，见小妞很生气，她也表示很生气，支持不跟"告密者"嘟嘟玩了。

多多想把水喝完，但被呛后，开始和妈妈讨价还价，要求先玩 iPad，再慢慢喝水，按最开心的方式喝。多多妈心软，于是偷偷回房间让多多先玩上 iPad，母慈女孝，皆大欢喜。听说另外 3 个小朋友因为这件事闹矛盾后，她不停地招呼大家一起玩，做起了和事佬。

嘟嘟觉得很委屈，心想，明明是她们不对，没有按规则做事，我只是按规则汇报给家长，她们不但不改正，还不理我，想哭。嘟嘟习惯用成人思维看事情，容易与成人相处，但可能是因为跟同龄人相处的时光比较少，反而不容易融入同龄人的世界。小妞和乐乐，明显还在用小孩思维看问题——小孩的秘密，不能告诉大人，不能原谅告密者。

在泰国期间，太太批评小妞："你这样做不对，嘟嘟很诚实，你怎么能带着乐乐一起不跟人家玩呢？"小妞反击："我就是不跟告密的人玩，不跟背叛我们的人玩！"

4-D 系统认为，人们所处的社会场域会影响人们的行为。我们需要懂得如何分析孩子的主导天性，及其在具体场景中的 AMBR 转念流程，因为这样才能因材施教，自如应对出现在孩子身上的问题。我们用 AMBR 流程来分析 4 个孩子的转念过程，如下。

1. 嘟嘟（以橙色天性为主导天性）

A 关注点：要玩 iPad。

M 心态：要先按妈妈的要求喝完水，再玩 iPad。

B 行为：努力把水喝完，还要看看其他小朋友有没有按规则做事。

R 结果：按要求喝完水，并揭发不按要求喝完水的其他小朋友。

2. 乐乐（以黄色天性为主导天性）

A 关注点：和大家一起玩 iPad。

M 心态：看看小妞和嘟嘟是怎么完成任务的。

B 行为：我也喝不完水，支持小妞的做法，一起倒水。有人告密？支持小妞，一起不理告密者。

R 结果：参与倒水，不理嘟嘟。

3. 小妞（以蓝色天性为主导天性）

A 关注点：要玩 iPad。

M 心态：得让水壶里的水消失，喝不完，想想办法。

B 行为：能喝多少喝多少，实在喝不完就倒掉。有人告密？哼，背叛我，拉着小伙伴一起不理告密者。

R 结果：倒水，不理嘟嘟。

4. 多多（以绿色天性为主导天性）

A 关注点：开心最重要。

M 心态：喝不完水，想办法让妈妈答应我先玩 iPad。规定？不重要。

B 行为：向妈妈撒娇，并承诺一定喝完水。

R 结果：玩上 iPad，水没有按承诺喝完。

3.5.3　成效

听完事情的来龙去脉，我让太太和小妞一起坐下听我分析大家的心理和行为。小妞听我分析她的心理时，频频点头，回应道："爸爸，没错，我就是这么想的。"

太太的话有道理，但明显不适合说给以蓝色天性为主导天性的孩子听，很容易起反作用。本来，这种事就像一阵风，可能过一天孩子们就忘了，但因为太太的批评，小妞对嘟嘟的反感被强化了。

其他 3 位家长看到我写的分析后，反馈说："你真是高手。我们终于明白了，顺着天性引导孩子才是家长正确的选择。"

我分析完大家的心理和行为后，太太和小妞各自带着问题回去思考了：下一次碰到类似情况，应该怎么做呢？

3.6　给予孩子坚持的决心和勇气

作者：张坤阳

在孩子的成长过程中，家长大多希望孩子能坚持去做一些有意义的事情。但是，孩子大多不会按家长的意愿"苦行僧"般地坚持。培养孩子的"坚持力"，通常需要家长的持续引导和鼓励。持之以恒的品质和充满勇气的态度，将会让孩子受益一生。

3.6.1　背景

坚持，本来就是一件不容易做到的事，比如坚持运动。想培养孩子坚持运动的习惯，可是，孩子就是不配合，怎么办？我们先来看看家长们常用的教育方法。

有一类家长，喜欢某项运动，就希望孩子也喜欢，会亲自陪伴或教导，觉得这样有助于建立良好的亲子关系。然而，孩子可能并不喜欢这项运动，或者他们更喜欢和同龄人一起玩，而不是被家长教——很多家长在教的过程中管理不好自己的情绪，动不动就急、训，很容易让孩子对运动失去兴趣，甚至产生厌恶感。更得不偿失的是，若孩子对家长产生了抱怨心理，亲子关系的信任基础被击碎，会埋下叛逆的种子。

有一类家长，帮孩子选择某项运动的理由可能是自己觉得这项运动比其他运动好，可能是这项运动的运动场地离家近（方便接送孩子），也可能是某个朋友是这项运动的教练。很多家长认为找一个熟悉的、严格的教练，能更好地指导孩子。殊不知，选择这样的教练很可能会让孩子长期处于郁闷状态，甚至让孩子的自信心频受打击。

还有一类家长，把运动当成技能，一开始就要求孩子以赢得比赛为目的。这会让孩子过于有目的性，失去快乐运动的体验。当孩子想换一项运动进行体验时，这类家长往往不乐意，偏要孩子坚持下去，忽视另一项运动也可以帮助孩子锻炼身体，从而让孩子错失快乐运动的机会，甚至失去获得幸福感的能力。

也许有些家长会说："我很民主，没有帮孩子选择，是孩子自己选的。我带孩子体验过各项运动，但换了无数项运动后，孩子还是不爱运动怎么办？道理天天讲，一定要坚持运动，对身体健康有好处，但是没用。"

先人后己。我们要把关注点从自己身上换到孩子身上，问问自己，孩子到底喜欢什么运动？找到孩子喜欢的运动，才能找到促使孩子坚持运动的内在动力。

3.6.2　调整过程

我家小妞读三年级时，体验过很多运动，羽毛球、游泳、跑步、乒乓球等，其中，游泳是她最喜欢的运动，但是，她只能夏天游，冬泳不太适合她。需要再选一项运动坚持，几经犹豫，她选择了乒乓球。然而，坚持了3个月后，她就不想打乒乓球了。

如何才能让她愉快地坚持打乒乓球呢？

我面临的困境：小妞不喜欢运动，无法坚持运动。

我想要的结果：可以不打乒乓球，但小妞得找到一项她愿意坚持的运动。

面对小妞的生活状态，我很生气，很不满，气她天天就知道吃美食，却不坚持运动，身体健康状况堪忧。

我知道，带着情绪去跟小妞谈这件事没有意义，我得转换心态——也许她有苦衷，我应该听听她的想法，找到共同利益，引导她坚持运动。她毕竟是孩子，需要家长的帮助和引导，这样想着，我的心态变平和了。

引导孩子去做一件她本身不乐意做的事时，必须让孩子先进入心情愉快的状态。于是，找了一个她心情不错的日子，在吃晚饭的时候，我先给她"点赞"："小妞，你写的那首《幸福心愿》，大家都觉得非常好，特别是开头'你的梦想我了解，登上玉龙去看雪；你的心愿我明确，闭上眼睛看世界。爱是最终的心愿，也是幸福的终点。换个角度看世界……'非常好听！"

小妞听后满脸笑容，我趁机开始使用"谈心四步法"与小妞谈心。

第一步：找到孩子内心深处认可的好处。

我试探道："咱们谈谈坚持运动的事吧？"

小妞马上问："为什么一定要坚持运动？我不喜欢打乒乓球！"

我说："不打乒乓球，可以，但得选择一项运动坚持。你可以继续选择其他运动。"

小妞反驳："你不是说快乐最重要吗？我不喜欢运动！"

我问："你觉得坚持运动对你来说有没有好处？"

小妞沉默。我继续问："面对美食，你是不是想吃就吃？可如果一直吃美食，不同时坚持运动，会发生什么事呢？"

小妞没有回答，继续沉默。我接着问："是不是有可能会慢慢长胖，甚至影响身体健康？你喜欢那样的未来吗？"

小妞这次回答得很快："不喜欢！"

我继续抛出选择题："避免拥有那样的未来，有两种方法。一种是想吃的美食继续吃，但同时坚持运动；另一种是不运动，但控制美食的摄入，想吃也不能吃。你想选哪一种？"

小妞坚定地回答选第一种。

第二步：明确孩子无法坚持运动的原因。

我问小妞："你在打乒乓球的过程中最反感的是什么？列出来。"

小妞说："一是教练有时很凶，会骂人；二是打乒乓球时间长了会感觉体力不支，在这种情况下还要坚持完成体能训练，肚子会痛；三是每次打完乒乓球都觉得很累；四是有时候就是特别不想打乒乓球，不想动。"

第三步：和孩子一起解决问题。

针对问题一，我让她试上所有教练的课，她最后选择了一位温柔的女教练。

针对问题二，我和教练沟通，表示她的体能有待增强，安排体能训练时，建议根据她的实际情况调整运动量，教练表示认可。

问题三是无解的，觉得累，运动才有效，体能就是这么慢慢增强的。

针对问题四，我允许她在实在不想打乒乓球的时候酌情"放过自己"。

第四步：达成共识，愉快陪伴，并在陪伴过程中不断点赞和鼓励。

允许小妞每年主观不想上教练课时，有两次缺勤机会（不包括受客观因素限制的请假）。放假时，每天在居民楼下打乒乓球15分钟，允许1个月有3次不打的机会（不包括客观因素导致的休息）。

3.6.3 成效

经过一年多的观察，大部分打球时间里，小妞是非常快乐的。

我使用的"谈心四步法"是根据4-D流程总结、提炼出来的，前两步着眼于人，后两步关注事。大家在使用该方法的过程中需要非常注意，必须控制好情绪，情绪不好、语气不好，很可能会影响效果。

陪伴过程中，孩子偶尔会有情绪，家长最好不要陷入抱怨者、指责者、受害者的状态。比如，最好不要说气话："我们不是约好了要坚持吗？你怎么说话不算数？我是为你好，花了钱，还用大量的时间接送你，你为什么不领情？"

家长需要不停地给孩子鼓励和表扬。比如，我们有空的时候就站在场边看小妞打乒乓球，结束时夸夸她，说她的正手球扣得非常猛，有世界冠军的风范；说她今天坚持得非常棒，虽然很累了，但是仍然坚持把体能训练完成了……

有一位朋友非常认可我的教育方法，来找我做个案，说希望马上改变自己和孩子相处的方式。一个月后，他对我说："张老师，我按你的方法做了，可是没效果，怎么办？"我想了想，对他的太太说，下次他教育孩子时，偷偷拍个视频给我。

大家猜是什么情况？他是这样和孩子沟通的："儿子，你过来，我要尊重你，你说说你对这件事有什么想法。你想怎么做，你告诉爸爸。你说，你想怎样？我按你的想法来！"他讲话的时候，语气难掩愤怒。

先调整情绪，再进入沟通，有时候，怎么说比说什么更重要。

回到本节主题。我认为，以下3个场景可能会为孩子坚持运动提供动力。

场景一：孩子和他们喜欢的伙伴参加相同的运动。有喜欢的伙伴一起运动，在一定程度上有助于孩子提高对运动本身的兴趣。

场景二：孩子有喜欢的老师/教练。孩子喜欢一个老师/教练时，容易产生信任感，有利于其坚持运动。

场景三：孩子有运动的榜样。孩子有了榜样/目标，就会有自驱力。

当然，最好的情况是孩子本身就对某项运动有兴趣和热情。亲子教育，不能生搬硬套方法论，需要非常有耐心，因为亲子关系的优化和教育都是没有捷径可走的。

3.7 助力孩子掌握学习技能的方法

作者：张坤阳

学习力，是一个非常重要的能力。拥有良好的学习力，掌握学习技能的方法，对孩子来说，是一辈子的幸事。

写作，对学习来说非常重要，它有助于孩子更好地表达自己，同时有助于提升孩子的思维能力、自信心。很多老师和家长会用各种方法鼓励孩子写作，比如要求孩子写日记，然而，这并不是一件容易的事。当老师和家长不懂孩子、方法不对时，产生的后果很可能比我们想象的更严重。我在培养女儿的写作能力的过程中，也遇到过困难。

3.7.1 背景

小妞读二年级时，为了提高她的写作水平，太太给她安排了一个任务：每周写3篇日记。小妞不愿意写，就说不会，太太便跟她排排坐，教她写日记的"套路"。

太太指导道："早上，你吃完饭后去上学，在路上看到了什么？听到了什么？到了学校，发生了什么有趣的事？写出来，就是日记！"小妞经常是一边掉眼泪，一边痛苦地写。写出来的日记怎么样？满篇都是成人的思路、太太的

"套路"。

我对太太说:"女儿写日记写得很不开心呀!"

太太说:"你懂什么?专家说了,坚持 21 天,就能养成一个习惯。"

结果,两个月过去了,真的养成了一个习惯——一写日记,母女就"吵架"的习惯。前一秒还是"亲妈",开始写日记就成了"后妈"。

以橙色天性为主导天性的太太认为坚持 21 天能养成一个习惯,那么,如果没到 21 天就去找她谈这件事,结果只有一个:起冲突。小妞以蓝色天性为主导天性,必须是被她认可的方法,她才会主动去做,如果她不认可,一定会有行动上的抵触。所以,21 天是不可能让她养成写日记的习惯的。

3.7.2　调整过程

4-D 系统有一个很重要的原则:先人后事。以橙色天性为主导天性的太太不懂以蓝色天性为主导天性的小妞,用所谓的专家理论要求小妞完成写日记的任务,结果只能是适得其反,不但无法提高小妞的写作能力,还会让小妞对学习失去兴趣。很多家长常常骂孩子不爱学习,其实有可能是家长过早地扼杀了孩子的学习兴趣。

与孩子沟通,先要了解孩子的想法。家长的情绪稳定,孩子才能乐观、正能量地成长。如果家长只强调事情,不关心孩子的情绪和兴趣,不但无法帮助孩子取得成功,还有可能导致更严重的不良后果。

针对培养小妞写日记的习惯这件事,我的处理过程如下。

1. 了解意愿

应用 AMBR,分析写日记时小妞的心理。

A 关注点:完成写日记任务。

M 心态:不开心,不知道写什么,感觉写日记是让人痛苦的任务。

B 行为：能拖就拖、乱写、应付任务。

R 结果：厌恶写日记、讨厌写作、不喜欢语文。

我问小妞怎么看待写日记这件事，小妞开始发脾气："爸爸，我讨厌写日记，为什么要逼我写日记？我现在比以前更讨厌作文、讨厌语文了。"于是，我对小妞说，以后写日记可以不按照妈妈教的"套路"写，可以写自己想记录的东西，比如对妈妈的不满，或者在学校里遇到的开心事、烦心事。小妞一听，眼睛发亮，说："写对妈妈的不满，这个好。"

2. 关注共同利益

应用 AMBR，分析要求小妞写日记时太太的心理。

A 关注点：小妞是否按要求写了日记。

M 心态：小妞不愿写，也要"强迫"她坚持写，这样，她的写作水平才能提高。

B 行为：监督小妞写日记，同时教小妞写日记的"套路"。

R 结果：天天与小妞"战斗"，说服小妞写日记，身心俱疲。

处理这件事最大的难点是什么？当然是说服以橙色天性为主导天性的太太。

某天，我速递了一束鲜花到太太的办公室。下班回家时，太太抱着花，满脸笑容。吃完饭，我趁太太心情好，对她说："最近为了让小妞写日记，你真的是操碎了心。我们的目标是一致的，都希望小妞能快乐地写出好作文。我知道你付出了很多，上班很累，下班还要陪着小妞写日记。我有一个担心，她现在对写作产生了厌恶心理，甚至对学习语文产生了厌恶心理，按现有情况继续下去，过两年可能会出现更坏的情况——对学习失去兴趣。到时候，无论我们怎么努力，用什么高招，可能都无法逆转，这个后果很严重……"

我和太太分享了小妞的感受，同时告诉太太，小妞是以蓝色天性为主导天性的孩子，容易产生逆反心理，一定要关注教育方法。太太以橙色天性为主导天性，只要她觉得我懂她，是在按她的思路来沟通，她一定会明白的。铺垫结束后，我提出建议：按 4-D 系统的理念，尊重小妞的天性，顺着她的意愿去引导她，让她不再根据我们固化的要求和思维去写作。先实践一年，若写作水平没有提升，再研究其他方法。太太同意了！

3. 持续鼓励

处理到这种程度，小妞是不是就能成为写作高手了？还不够，面对以蓝色天性为主导天性的孩子，还需要不停地给她鼓励，即无论她写得好不好，都给她点赞。有时候，我看见她一边写，一边大笑，走过去一看，原来是在写"妈妈发脾气了，说话像机枪扫射一样，子弹从我左耳进，右耳出，我的心情一点不受影响……"，结尾加 10 个感叹号。

除了要应用 AMBR 做好关注点、心态、行为等关键点的管理，还要全面应用 4-D 系统提升自我修养。经此一事，我总结出如下 3 点经验。

其一，家长要先改变自己，再教育孩子。在写日记这件事上，小妞还是那个小妞，改变的只是我们，就产生了完全不同的结果。当家长的关注点是提升孩子的写作水平时，会发现，写日记只是方法之一。当家长的关注点是孩子一定要坚持写日记时，后果会很严重。

其二，要践行先人后事等 4-D 系统人际互动原则、流程和行为要求。成功地让小妞接受了写日记这件事，是因为我践行了 4-D 系统里的"先人后事"原则。先人：送花让太太开心，包融太太，谈共同利益（提升小妞的写作水平）。后事：达成共识，尝试换一种方法提升小妞的写作水平，观察效果。

其三，夫妻亲密关系良好是正确教育孩子的关键。夫妻关系决定家庭的社会场域，所以，优化亲子关系的最高境界是协调夫妻关系！夫妻之间沟通时，千万不要说"我觉得这样更好，你的方法有问题"等话。沟通的目的不是对抗和说服，而是寻求合作。爸爸最重要的工作是让妈妈开心，若妈妈长期处于焦虑或不开心状态，负能量会不知不觉地传递给孩子，对孩子的成长造成不好的影响。这就是"第五力"的作用。

3.7.3 成效

升入三年级，小妞的写作热情高涨，天天追着老师问问题。升入五年级，每次考试，小妞的作文都近乎满分，所写的随笔更是让人震撼。

我对促成该结果出现的努力过程进行了复盘，如下。

1. 应用 AMBR，我的转念流程

A 关注点：按小妞喜欢的方式，激发小妞的写作热情。

M 心态：你喜欢怎么写，就怎么写。

B 行为：支持她随心写，找理由为她的随笔点赞，关注她和老师的互动。

R 结果：初期看她写的随笔，感觉很有趣；后期看她写的随笔，经常惊呆——她的创作有无限可能，我的心情无限好。

2. 应用 AMBR，小妞的转念流程

A 关注点：爸爸说我可以按自己喜欢的方式写自己想写的内容。

M 心态：真开心，不用写"套路"日记，可以随心所欲地写自己的想法，可以天马行空地发挥。

B 行为：初期写对妈妈的不满，写学校里的趣事，越写越好玩；后期开始研究写作，追着老师问问题，写自己的价值观，越写越深刻。

R 结果：一不小心，开始被朋友称为"写作高手"了，心情真好；老师经常拿我的作文当范文读，真开心。

展示两个小妞的作品如下。

作品一：《时光的梦》

时光带走了一切，

消磨了记忆。

转眼一回眸，

又是一万光年。

嘀嗒，嘀嗒，

没有人知道，

时光的去向。

所有人都被带进了一个梦，

所有事都无踪，

只剩满目烟尘。

每个人走在这街道上，

都只是从别人的记忆里飘过，

变成一颗星星。

我不知道时光是什么样的，

但我懂得，

在这个梦中，

总有一个一模一样的自己。

作品二：《4-D 人生》

爸爸出书，邀请我谈谈感想。

这可是爆爸爸"坑娃黑料"的难得机会！

一位从小看着我长大的叔叔曾满脸好奇地问我："在你的成长过程中，爸爸和妈妈教育你的方法有什么不一样吗？"

我把脑海里凌乱的记忆翻了一个遍，爸爸妈妈的"黑料"一一再现。我面不改色地在心中一笑，将千言万语整理成两句话："妈妈先用推土机挖个大坑，再用起重机把我吊起来，扔下去，埋起来；爸爸先铺一个滑梯，再对我说：'你看，多好玩啊，我们一起滑下去吧！'我就跟着他滑进了坑。"

爸爸的绝技是挖坑。坑自己，坑娃，坑全家。15年前，爸爸给我挖了一个巨大的坑：天天带我吃喝玩乐，玩遍大江南北。有一天，他问我："你将来想过什么样的生活，拥有什么样的人生，成为什么样的人？"

"看遍天下美景，吃遍人间美食，人生如梦，开心就好。"我毫不犹豫地回答。妈妈的脸色变了，爸爸则竖起大拇指，大喊："非常好，这是人生的最高境界！咱们来讨论一下如何实现你的这个梦想。"

经过家庭会议讨论，要想实现这个梦想，足够的时间和钱是必需品。实现方法五花八门，其中最靠谱的，是我努力取得好成绩。于是，随后的日子，掉进坑的我经常握着笔，晃着脑，无比安静、无比专注、无比"痛苦"地写作业——为了实现自己的梦想而努力学习。

这只是爸爸精心策划的第一步，每天，无数个小坑为我持续拥有学习动力提供着保障。首先，他纵容我不必写所有作业，并向老师申请，只要我的分数和名次达到某标准，就可以自主选择写哪些作业；其次，他热心地建议我研究高效学习的方法，用最少的时间保持成绩，余下更多的精力做自己喜欢做的事；最后，他鼓励我多去各种书吧、咖啡屋、风景区开展调研活动，不喜欢被关在家里久学的我直呼"我爸天下第一"……后来我才明白，这全是爸爸的"套路"。

不同的孩子有不同的主导天性，不同的天性有不同的表现。学习了4-D系统以后，我对此有了更深的认知，并将其绘制成图，如图3-1所示。我做过天性测试，蓝、绿天性都非常明显，绿色天性让孩子只有在学习中感受到快乐才能持续发力，如果不快乐，就不愿意学；蓝色天性让孩子需要意识到学习的有利性，按自己喜欢的方式学才能持续努力，实现学习目标。

第三章 4-D系统在亲子教育和个人成长中的应用

图 3-1 不同天性的孩子的不同表现

不只是孩子，不同的家长也有不同的天性。因此，在对待孩子时，不同的家长会有不同的表现，如图 3-2 所示。

图 3-2 不同天性的父母的不同表现

在我家，公认我妈妈最伟大，如果没有她，我和爸爸估计要天天饿肚子、天天住在"垃圾堆"里。她的天性测试为橙色最高，蓝色次之，她对自己的要求很高，对我也有很多完美的要求。小到吃什么水果，大到每科如何学习，她对我生活中的不完美细节的频繁提醒常引发我与她的对抗、争论。每到此时，爸爸就扬言要离家出走，说我在青春期，我妈妈在更年期，他无法协调。

蓝色的家长打是亲，橙色的家长骂是爱，绿色的家长认为一起开心才是爱，黄色的家长呢？替你做所有事，是真爱。大家可以看看自己的家长属于哪一类型。

大家肯定好奇我爸爸是以什么天性为主导天性的吧？我总感觉他"四不像"：首先，发挥他的绿色天性，陪伴我，与我一起开心、建立信任；其次，发挥他的蓝色天性，挖个大坑，让我自己找目标；再次，发挥他的橙色天性，带我分析实现目标的计划和方法；最后，他的黄色天性上场，在实现目标的过程中遇到问题时，用陪伴、讨论和总结代替批评和指责。他常说，4-D全能，就是先人后事！

了解到不同人的天性不一样后，我的心情便不容易受他人影响了（爸爸说，孩子越早了解这一点越好）。

读小学时，我所在的班上有一位男生，经常横冲直撞，影响其他同学学习，蓝色天性的特点明显。于是，我尝试称赞他："你非常勇猛，以后有其他班的同学来欺负我们时，你要负责保护我们。"后来，他横冲直撞到我面前时，总会来个"急刹车"，并说："张楚涵，我不能撞到你，我要保护好你。"

转念想想，很多"叛逆"的、以蓝色天性为主导天性的孩子其实很热情、很聪明，只是尚未被引导着把心思用在学习上，展示自己的闪光点。

面对老师，也是如此。我曾因为不喜欢某位老师而厌恶他所教授的学科，甚至长期被影响心情。读小学时，一位美术老师要求我们画一只鸟，我觉得只画鸟没意思，于是增加了蓝天、白云、大树、草地，没想到老师给我评了59分，说我没按要求画画。我心想：我从小爱画画，水平一点也不差！我愤愤不平地向爸爸告状，他却趁机带我分析不同天性的老师的教学风格。这位老师明显以橙色天性为主导天性，要求严格且不喜变化。此后，我再也没有讨厌过任何老师，我知道了，没有讨厌的老师，只有我不适应其教学风格的老师。

虽然我没有像爸爸一样系统、持续地学习 4-D 系统，但我也在耳濡目染的过程中，特别是在爸爸不断给我"挖坑"的过程中收获了不少，如图 3-3 所示。

图 3-3　我眼中的 4-D 系统精髓

4-D 系统可以帮助我们更好地了解自己，进而超越自己；可以帮助我们更好地了解彼此，进而让家庭氛围变得更好；还可以帮助我们更好地征战职场，进而获得更成功的人生。

最后，各位家长、同学，为了自己开心，为了家人开心，走过路过，千万不要错过 4-D 系统。

3.8 促进亲子关系及亲子沟通

作者：张坤阳

家长和孩子之间经常进行有效沟通，对于建立良好的亲子关系和助力孩子健康成长至关重要。很多家长常常抱怨孩子不听话，却很少深入思考背后的原因。

想要培养出乐观、正能量的孩子，需要在家庭中营造开放、温馨的氛围，鼓励孩子分享感受和想法，促进更好地沟通。4-D 系统强调第五力的作用，即家庭的社会场域的作用。家长的言行对孩子的成长有至关重要的影响，家庭氛围将直接影响孩子的情感和心态。

在家庭中，给予孩子选择权、自主权、犯错权、尝试权等，有助于培养孩子的积极心态和自信心。比如，让孩子有选择权，可以帮助他们勇敢做决策，提高自主性；让孩子有犯错权，可以帮助他们明白失败是成长的一部分，不是可怕的事情；让孩子有尝试权，可以鼓励孩子积极尝试新事物，更具探索精神。

3.8.1 背景

一天，一位妈妈焦虑地给我打电话。

电话中，她说："张老师，我现在非常生气，怎么忍都没用，赶紧给你打一个电话。我女儿要去上英语兴趣班了，我让她穿裙子，她就是不肯穿！"

我问她："为什么一定要让女儿穿裙子呢？"

她说:"她去上课,我想让她穿得漂漂亮亮的。她有好几条裙子呢,再不穿,就长高了,穿不了了。"

我又问:"这些裙子是她想买或她强烈要求买的吗?"

这位妈妈回答不是,是她帮女儿选的。我继续问:"你女儿不想穿裙子的理由是什么?"

"女儿说,穿裙子上课,被空调吹得很冷,她喜欢穿裤子。"其实,这位妈妈是知道原因的。

3.8.2 调整过程

让电话中的妈妈生气的场景是家长与孩子间的日常交流场景,出现在很多家庭中。如果有情绪后靠忍解决,能忍 10 次,不一定能忍 100 次,甚至 1000 次。就算真的有人能忍超过 10 年,对身体健康也无益。

4-D 系统告诉我们,不要执着于控制情绪,而是要努力管理情绪。每次生气时,可以应用 AMBR,梳理当前的情况,让心情"红转绿"。

我继续与电话中的妈妈对话。

我说:"我明白了。我们一起应用 AMBR 梳理一下。你的关注点是让女儿穿上你认为漂亮的裙子,但是她不听。心态上,你认为她很不讲道理,你是为了让她更漂亮,她却不领情,你很生气;行为上,你坚持要求女儿穿裙子。结果呢?女儿不愿意,两个人的心情都不好。有一种漂亮,叫作妈妈认为漂亮。如果我们调整一下关注点,改为'只要不会因为吹空调而着凉,在穿衣服这件事上给孩子选择权,让她选择自己喜欢、觉得漂亮的衣服',这时,你的心情如何?"

这位妈妈想了想,说:"张老师,我懂了。很多时候,我生气,只是因为关注点在孩子没按我的要求做事上,如果我从孩子的角度出发,心情就大不一样了。"

3.8.3 成效

当天晚上,这位妈妈给我发了微信,说:"张老师,谢谢你,我女儿上课回来后很开心,说今天特别舒服,因为我没逼着她穿裙子!"

强扭的瓜不甜,我们要让孩子顺从天性,自然成长,同时关注共同利益、适度包融他人、有效管理需求。若孩子能按自己喜欢的方式做生活中 80% 以上的事,他大概率是处于非常快乐的状态的。基于此,我和小妞达成一个共识——有些事,不需要做过多探究,以最喜欢的方式去做就好,比如与身体健康相关的事,与人身安全相关的事。

再讲一个实例。有一位妈妈曾对我说:"我家儿子非常不听话,什么事都做不好!跟他说了很多次,挤牙膏要从下面往上面挤,他总是忘记。每次我都会控制不住地生气,说过多少回了,他仍然做不好这些小事。"

很明显,这是以橙色天性为主导天性的妈妈碰上了以绿色天性为主导天性的儿子。我让这位妈妈应用 AMBR 梳理这件事,梳理结果如下。

A 关注点:跟他说过很多次,要按要求挤牙膏,他总是忘记。

M 心态:很生气,一点小事都做不好。

B 行为:总是忍不住批评他。

R 结果:亲子关系因为这些小事而不和谐。

我让这位妈妈回家试试随意挤牙膏,并在下一次见面的时候问她感觉如何。她说:"很难受,也许儿子按我的要求从下面往上面挤时也是很难受的感觉。"我问这位妈妈:"你儿子挤牙膏的方式会对生活造成什么影响吗?会影响身体健康、刷牙效果、牙膏使用量吗?"

这位妈妈想了想,说:"都不会,可是我看到牙膏没从下面往上面挤就难受。"我让她调整一下关注点——不影响生活的小事,就按各自喜欢的方式做吧,大家的天性不同而已。并为她提供了一个建议——买两支牙膏,一人用一支试试。一个月后，我在微信上问她情况如何，她说："非常好，再也没有因为这件事苦恼过，儿子也非常开心。"

情绪，需要的不是控制，而是管理。

由此可见，4-D 系统的应用，可以帮助家长与孩子建立更加和谐的亲子关系。基于 4-D 系统的沟通格外注重倾听、理解和尊重孩子的观点，而不仅仅是指导、教育。通过与孩子建立良好的沟通关系，家长可以更好地理解孩子的需求和愿望，帮助他们拥有积极的心态。

3.9 加速突破自我，持续成长

作者：邓若男

我一直认为，4-D 系统特别适合"90 后""00 后"等新生代职场人学习、应用，因为他们有着更为明确的心理和精神需求。换句话说，在有效地激发新生代职场人的积极性方面，4-D 系统可以被视为一种珍贵的方法和有力的工具。

3.9.1 背景

我是一个来自江西的"90 后"女生，与大多数独生子女一样，在父母的百般呵护中成长，一直是别人眼中的"乖乖女"。毕业后，我入职一家生产型企业，在生产一线的车间做配料工作，工作很稳定。

在妈妈的眼中，我是一个长不大的孩子，因此，成长过程中，我并没有吃过太多苦，也没有好好管理过自己的情绪。婚后，我和先生相处时常常会有摩擦，这让我越来越迫切地期待加速个人成长。就在这时，我与 4-D 系统相遇了。

3.9.2 调整过程

4-D 系统带给我的成长，让我受益终身。

1. 掌握与人相处的科学与艺术

在 AI 迅速普及的时代，掌握与人相处的科学与艺术是非常重要的事情，一向努力向外求的人类终于开始关注、关心和关爱长期被忽视的内心世界了！

和很多职场新人一样，我原本只专注于业务。学习了与人际敏感度相关的课程后，我开始关注与人相处的科学与艺术，也因此更了解自己，找到了自己的职业方向。渐渐地，我不仅在工作之外拥有了斜杠人生，还越来越懂得如何与家人、同事相处得更好。

掌握与人相处的科学与艺术，人、事兼顾，我们的人生必将更美好！我一直记得林健老师曾在我发布的感慨中给我留言："不忘初心，坚持精益求精，要做事，更要做人。不要在乎你干的是什么，而要关注你能够收获的核心品质和能力是什么，加油！"

2. 制定目标

接触 4-D 系统前，我有目标感不够强的问题，践行 4-D 系统后，我开始刻意练习，明确自己的信念和目标。借助美国心理学家、教育家和作家罗伯特·迪尔茨提出的逻辑层次（Neuro-Logical Levels），如图 3-4 所示，我对自己的生活和梦想进行了梳理。

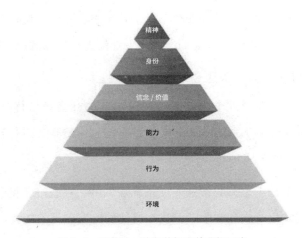

图 3-4　罗伯特·迪尔茨提出的逻辑层次

精神：成为"安全"领域的专家，获得他人的尊重，让他人对我的信任度更高；影响更多人加入守护"安全"的行列，为自己和他人的生命保驾护航；生老病死是不可避免的，但要努力通过做好与安全相关的工作降低出现意外的可能性；让身边人懂得如何更好地保护自己的生命，让大家用有限的生命去感受更多的美好！

身份：从事"安全"相关工作，努力考取注册安全工程师，并且利用企业内训师的身份开发"安全"课件，成为"安全"培训师（如今，我已正式调入办公室做综合管理，同时通过了注册安全工程师的考核）。

信念/价值：从"安全"的角度出发看待工作和生活，使用 4-D 系统等方式、方法，帮助自己实现工作和生活的平衡。

能力：不断提高自己的综合素质与能力，包括人际交往、逻辑思维、情绪管理等。

行为：觉察自己在工作、生活中的行为，及时调整不当行为，往更有利的方向发展。

环境：不断扩大自己的影响圈，影响周围的人、事、物。

世界上最远的路，是从想法到做法。对于现在的我来说，最关键的是通过具体举措把梦想变成现实：聚焦"安全"，拿到"注册安全工程师"证书；每月内训师培训内容围绕"安全"知识进行，强化专业能力；完成质量控制攻关课题。

3. 坚持应用 AMBR，关注 8 个行为习惯

4-D 系统，是通过管理个人情商来实现团队的社会场域优化及其绩效优化的。我通过坚持践行 4-D 系统，逐步养成了遇事应用 AMBR 进行转念和关注 8 个行为习惯提升自己的习惯。

一开始，先生是不支持我参加 4-D 系统培训的，在我准备前往深圳参加 4-D 系统培训时和我发生了激烈的争吵。我知道他的出发点是希望我一切都好，不要太辛苦，也知道他生气的原因之一是我没跟他商量就交了参加培训的钱。庆幸的

是，我应用 4-D 系统，完美处理了这次家庭矛盾，最后，先生平息怒火，甚至愿意陪我一起去深圳。

处理此次冲突的过程中，我重点关注了 8 个行为习惯中的以下 3 个行为习惯。

及时表达真诚的欣赏与感激：我很感激你对我这么关心，生气、争吵，都是为我好，希望我不要太辛苦。你愿意陪我一起去参加 4-D 系统培训吗？我们可以互相照顾。

关注共同利益：去了深圳，培训后，我们可以一起去东莞看看你的爸爸妈妈，平常都没时间去。而且，住在爸爸妈妈那里，我们可以节省一些住宿费。

信守所有协议：对不起，这次我没有和你商量就把钱花了。以后我保证有大额消费前都跟你商量，不再擅自做主了。

最后，我提出请求：你可以陪我一起去深圳吗？

3.9.3 成效

参加了 4-D 系统培训以后，我开启了"开挂"的人生。

1. 工作更加顺心如意

在工作上获得了更多荣誉和信任：先后获得了"二星级明星员工"和"优秀员工"荣誉；与带班长、主任、办公室人员的关系有了质的飞跃；获得了领导、同事的信任，大家开始愿意把一些很重要的事情交给我负责。

向着终极目标更进一步：明确职业目标并完成相关准备后，我常与车间办公室安全管理员沟通，两个人的观点不谋而合，管理员愿意把车间的安全工作思路分享给我，让我加入车间安全工作筹备。

掌握了人力资源管理新技能：单位外聘人员梳理胜任力模型和职业晋升通道时，我被选入工艺技术序列帮忙整理材料，得以和单位品管科的主任交流。在交流过程中，我对工艺和质量体系框架有了全面、深入的认识，提升了逻辑思维能力，并且在职业规划方面有了更明确的方向。

有了人岗匹配新认知：发现与工艺质量相关的工作更适合以橙色天性为主导天性的人，而我更喜欢需要以黄色天性为主导天性的工作者的工作。

2. 改善了与妈妈和先生的关系

我第一次去参加 4-D 系统培训时，先生和妈妈都不放心。现在，不管我做什么事情，先生和妈妈都会全力支持我。

用时两年，我已经从茫然不知所向的"90 后"，蜕变为一个职业目标清晰的职场人、一个能够游刃有余地处理好与父母、先生、同事的关系的"斜杠青年"，人事兼顾、积极向上。

"一个人可以走得很快，一群人则可以走得很远。"这句简单的话，深刻地揭示了人脑的工作原理和人的习惯的养成秘籍。我的蜕变，一方面是因为我的努力、坚持，另一方面是受益于客观的、积极的 4-D 系统。每到与同行者分享收获时，我总会积极表达我的欣赏与感激。

尝到践行 4-D 系统的甜头后，我长期坚持学习和分享 4-D 系统。4-D 系统是一个很好的提高人际敏感度的磨刀石，生活在积极的社会场域中，人会越来越积极，进入高效成长的正循环。

3.10 打造个人创业者的核心竞争力

作者：李耀

践行 4-D 系统，不仅可以帮助我们掌握识人、识己的方法，还可以帮助我们聚焦自身的卓越潜能，从"要我做"转变为"我要做"，释放内在能量，构建核心竞争力，实现高绩效。

除了帮助践行者提高工作效率，4-D 系统还强调情感智慧和人际沟通的重要性，这些都是助力一个人走向卓越的关键要素——通过建立良好的人际关系，更好地与他人合作，甚至影响他人。

3.10.1 背景

虽然我已有多年的保险行业从业经验，但是，面对市场竞争加剧、监管政策变化、技术发展迅速、客户获取难度日益提高等问题，我也曾一度陷入迷茫。

3.10.2 调整过程

2020 年，遇见 4-D 系统，仿佛在黑暗中遇见光明。随着对 4-D 系统的深入学习与了解，我开始关注自己的优势并将其发挥出来，我意识到，要突破，就必须从"先事后人"转变为"先人后事"。

1. 突破个人天性的局限

完成 IDA 测评后，我发现，我属于橙色天性和黄色天性双高的人，行为风格是不容易快速改变型的。于是，面对环境和个人事业挑战时，我刻意调用蓝色天性：乐观审视环境变化和职业转型的挑战，对自己近 10 年的从业经验进行归类整理。

成为一个领域的专家，需要时间和努力，应用 4-D 系统，我们可以提前为未来做好准备。掌握与人交流的语言艺术，提升人际关系敏感度，不仅可以帮助我们更好地理解自己和他人，还可以帮助我们影响他人、改善人际关系，共同创造更加美好的世界。

2. 先人后事

作为一个以橙色天性为主导天性的人，我习惯性地更关注"事"。学习并践行 4-D 系统后，我开始向关注"人"转变。

以下是我应用 4-D 系统的核心修炼流程 AMBR 改变自己的心路历程。

A 关注点：作为陪伴客户终身成长的保险管家，我应该如何兑现诺言？

M 心态：常感受到的情绪是悲和庆幸。悲的是，作为一名保险从业人员，我常常过于关注事情的结果，认为只要成交了，流程就结束了。事实上，这是不对的，从事情的全流程上看，这是明显的虎头蛇尾的做法。庆幸的是，学习并践行 4-D 系统后，我意识到，客户与我们都是人，客户不是我们赚钱的工具。由此，我开始关注"人"，不管遇到什么情况，都牢记"先人后事""先人后己"。

B 行动：完成对"我要怎么做才能成为客户心目中的唯一呢？"这一问题的思考后，首先，我会在特殊的时间为客户递送特殊的礼品，让客户在时间与空间上留下记忆。其次，我会在服务时想客户所想。从 2021 年开始，每到一些重要的节日，客户总会收到我赠送的美食。我赠送的美食，特别是烘焙品，全部是我妹妹手工制作的，美味且健康。再次，我会为 VIP 客户量身定制重要时刻的礼物，例如，VIP 客户的结婚一周年纪念日、小朋友出生 100 天纪念日、小朋友一周岁生日等具有特殊意义的日子，我的祝福和礼物会准时送达。最后，我会为有资金困难的客户提供资金支持。我认为，如今的我不仅是保险管家，还与客户一样，都是生活者！

R 结果：客户收到礼物和祝福，都非常惊讶，"惊喜""震撼""太用心了"等都是他们表达激动与感恩之情的词汇。我开始时不时地出现在很多客户的朋友圈中，这为我带来了很多"转介绍客户"。

3. 关注共同利益

我曾尝试提供"保险付费咨询"服务，即客户找我咨询保险相关事宜，得先付"咨询费"，从"咨询"到"方案落地"，每个家庭收取 200 元。费用很低，但迟迟没有吸引到高价值、高潜力的客户。于是，我不断调整服务内容和形式，增加服务的价值感，从原来的产品导向调整为客户需求导向——不给产品，只给解决方案。

与此同时，我开始大胆地敞开合作的大门，积极地寻求与部分老客户合作。我为什么要寻求与老客户合作呢？ 以下是我应用 AMBR 管理自己的心态和行为的过程。

A 关注点：如何在保险行业内获得源源不断的客户资源？

M 心态：俗话说，金杯银杯，不如口碑。那么，我能不能把老客户发展成为"转介绍中心"呢？当今社会，不是一个靠单打独斗取得成功的社会，就算眼前都是赚钱的机会，仅凭我一个人，不可能全抓住。

B 行动：在与老客户沟通的过程中，我开始有意无意地发出"合作信号"，并越来越多地关注我们之间的"共同利益"。

R 结果：我的客户越来越多了，如今，我手上 80% 的业务来自老客户的"转介绍"。

3.10.3 成效

改变，从自己开始。践行 4-D 系统，让我的事业更上一层楼。

1. 创新业务，收获新收入

如今，33 岁的我，曾经月收入 800 元的小子，已经成长为口碑颇佳的家庭保险管家。2022 年 5 月，我作为联合创始人，见证了家财有道风险管理事务所的揭牌仪式。

我大胆地开辟了新战场，对自己近 10 年的从业经验进行了归类、整理，打磨为"新保险人·个人品牌深度陪跑"项目，面向保险行业从业人员推出。没想到，这个项目成为我的业务爆发式增长点之一，截至 2023 年年底，相关课程等内容的销售额突破 20 万元。

2. 用心服务，收获新客户

身边的同事来问我："耀哥，当你的客户很幸福吧？你看，你除了会给来咨询的客户提供专业的咨询服务，助力他们不在保险规划的道路上走弯路，还会给他们提供增值服务，甚至常常给他们赠送各种美食，有几个人能做到这种程度呀？"

3 年前，我接待完一个客户，就不知道下一个客户在哪里。做了这些调整之后，我的客户量激增，我越来越受到客户的认可与尊重，实现了业务层面的高速成长。很多客户调侃我："李耀，你现在是不是接不完转介绍的单子了？我有一位保险经纪人朋友，找客户找不到，天天焦虑。"

当今社会，人际关系的质量对个人的工作和生活影响很大。无论是在工作场所中，还是在日常生活中，我们都需要与他人建立良好的互动关系，以实现个人目标、增进幸福感，并获得更多的机会。

3. 建立和谐家庭

我曾就职于业务繁忙、工作压力极大的公司，每周，5 个工作日，有 4 个晚上都在外面与客户谈生意，常常凌晨一两点才回到家。有时候，甚至连周末都在与客户谈生意。我是一个脾气很爆的人，一言不合就会和太太、父母大吵，家庭氛围堪忧。这种状态持续了四五年，直到我了解到自己以橙色天性为主导天性，才明白问题出在哪里——脾气很爆并不是我的缺点，而是我的天性特点，我应该努力避免"情绪化"。

学习并践行 4-D 系统后，我与太太的关系得到了极大的改善，因为我会有意识地将 4-D 系统应用在家庭中，举例如下。

A 关注点：回顾我与太太过去 7 年的相处方式。

M 心态：感到非常惭愧，因为过去的 7 年里，我把绝大多数坏脾气给了她，而把好脾气给了客户、朋友和同事。想到这里，我的第一反应是我要立即行动、立即改变。

B 行动：我给太太发了一条微信，主要内容是感谢这 7 年她对我的陪伴，随后，向她承诺，在未来的生活中，每个周末，我都会抽出一天的时间，陪她和孩子（除非遇到特殊情况，例如：出差、学习等）。

R 结果：夫妻间的关系变好，相互尊重、乐于互动、充满互助与爱意，我也越来越能够游刃有余地处理好与父母、太太、孩子，以及朋友的关系了。

4-D 系统带给我的不只是知识、工具和方法论，还有一个由一群愿意践行和传播 4-D 系统的人组成的社群。在工作之余进入一个能够为自己赋能的学习型社群，大家组团联机式成长，对我来说受益匪浅。

遇见 4-D 系统是偶然，坚定不移地践行 4-D 系统是必然。让我们携手努力，学习和应用 4-D 系统，共同建设更加和谐、共同进步的社会！让我们陪伴彼此，一起不断进阶。

站在新的舞台上，我愿继续不断向内优化自己，为更多家庭提供专属解决方案，成为新时代中新保险人的榜样。

附录 1

4-D 卓越团队与高效执行领导力行动学习项目建议方案

本学习项目以 4-D 系统为核心，整合世界一流的教练体系和引导技术为方法和工具，为有志之士改变自己和帮助他人成长而打造。

4-D 卓越团队与高效执行领导力行动学习项目建议方案

一、背景介绍

4-D 系统是一套卓越团队建设的可视化、可衡量、可管理的科学体系，其创始人查理·佩勒林（Charles Pellerin）是天体物理学博士和领导力教授。查理博士曾担任美国航空航天局（NASA）天体物理部主任，是美国太空观测站战略的策划者，负责哈勃望远镜修复工作。50 岁后，查理博士在美国科罗拉多大学商学院从事领导力研究、教学及其实际应用咨询工作。

4-D 系统是在实践和研究的基础上提炼出的一套集测评、工作坊和教练辅导于一体的解决方案。在 20 多年的企业实践中，此系统不但帮助 NASA 上千个团队成功完成重要任务，还在世界范围内广泛应用，已被证实是一套卓有成效的改善组织文化、降低组织风险、提升团队绩效、提高客户满意度的组织干预系统，2007 年，获美国 ICF（国际教练联盟）教练大奖。在世界 80 多个国家，2 万多个团队中，超过 3000 个中国团队在使用这一团队领导力系统。

该系统曾服务美国航空航天局（NASA）、招商银行、达飞金融科技、锐捷网络、中国电信、中国移动、中国联通、中国航天、安永公司（Ernst and Young）、雷神公司（Raytheon）、波音公司等近千家大型企业和机构。

二、预期目标与成效

1. 整体目标与成效

改变企业／团队的社会场域。

2. 目标与成效拆解

（1）人生新境界：在 4-D 导师／教练的引导下，明确自己的天性特点，掌握人生与事业进阶之道，思考自己的人生方向，为持续激情工作打下动力基础。

（2）教练新能力：通过体验式课堂互动，掌握以沟通为核心的教练与引导技巧，掌握激发潜能和提高内驱力的技巧，为高效执行打下扎实的软实力基础。

（3）事业新平台：应用 4-D 系统，完善团队体系，优化可持续的定期管理、体检、沟通的流程，建立团队和个人领导力测评与修炼的新机制。

（4）工作新技能：掌握个人与团队的卓越密码，会应用相关技能，培养主动改变自己、激发高效能的跨部门协作的新思维和行为习惯。

（5）具体技能如下：

① 了解自己与伙伴的性格（思维、情绪、行为习惯模式）。

② 掌握团队氛围的测评方法及其优化方法。

③ 学会促进高效人际互动的流程与方法。

④ 学会应用提升执行力及团队建设效率、团队绩效的流程与工具。

⑤ 学会应用 4-D 系统为每个员工赋能的方法。

三、项目亮点

1. 理念与方法

为避免出现培训中普遍存在的"课堂上感动，课后不动"等问题，4-D 系统结合人类的习惯养成流程（关注点——心态——行为——结果）和基本学习方式（改变信念——实践行动——取得结果）进行培训和提高。

2. 过程与手段

本学习项目采用应知内容训前学员自主在线学习的方式，将面授课堂变成以个人和团队的实际工作内容为内容、以掌握和应用 4-D 系统解决实际问题为目的的高度互动的体验式课堂。与一般的培训最大的不同是，授课讲师同时是经验丰富的 4-D 导师/教练，能够让学员将所学习的知识转变为行动，在行动中取得成果,并在这个过程中,给团队及个人带来新的成长模式,对团队及其成员产生长久且深远的影响。

3. 结果

以训后 21 天、30 天和 90 天为周期,进行辅导和跟进,使学员和团队习惯应用新的思维方式和行为方式,让个人、团队和家庭感受到令人惊喜的变化。

四、现场内容与流程

1. 团队回顾与展望

(1)针对卓越团队领导力和执行力的特征达成共识。

(2)掌握进行团队引导和行动学习的工具的使用方法。

2. 团队共创

(1)现场调查。

(2)分析影响个人绩效与团队绩效的主要因素。

3. 解读 TDA 测评报告——认知团队领导力和执行力建设现状

(1)个人解读报告。

(2)小组讨论与分享。

(3)针对团队建设的改进重点达成共识。

4. 团队的社会场域改善与个人的行为习惯改善的实战体验

(1)发挥天性领导力,成为能胜任工作的管理者。

① 什么是决胜因素——"社会场域"?

② 知人善任:掌握事半功倍的技巧。

(2)发挥情绪领导力,成为能积极赋能的管理者。

① 产生职场困惑的真实原因是什么?

② 掌握情绪与能量管理的万能工具：AMBR。

③ 如何应用 AMBR 破解职场困局？

（3）发挥沟通领导力，成为有影响力的职场人。

① 如何应用 4-D 系统，协同团队，赢得成功？

② 明确 4-D 系统的五大纪律和优化人际沟通的两个基本工具。

5. 用 4-D 教练工具——CSW，持续提升团队领导力和执行力

（1）激发团队活力。

① 如何通过表达欣赏与感激让团队充满爱？

② 如何通过关注共同利益让团队齐心协力？

（2）增强团队凝聚力。

① 如何培养团队适度包融的文化？

② 如何确保团队成员信守所有承诺？

（3）激发团队动力。

① 探讨团队目标及障碍并达成共识。

② 聚焦团队目标，全力以赴，提升团队的内驱力。

（4）强化团队执行力。

① 觉察团队情绪，确保自己与团队的行动充满正能量。

② 厘清角色、责任与权力，强化团队执行成效。

6. 制订并分享个人行动计划与团队行动计划

附录 2

4-D 卓越团队建设
行动学习项目闭环辅导指导书

4-D 卓越团队建设行动学习项目闭环辅导指导书

阶段	时间	内容	工具	平台	甲方职责	乙方职责	备注
线上学员账号开通	签订合同且收到预付款项的当日	开通学员账号，辅导学员使用相关应用	手机与电脑	手机端相关应用和电脑端相关应用	配合注册学员账号，通知学员安装手机端相关应用和电脑端相关应用，登录两端平台	辅导学员使用相关应用	
实战营前	签订合同且收到预付款项的次日	建立微信群，开始 4-D 系统修炼	手机与电脑	微信	建立微信群	引导进行 4-D 系统修炼	
	签订合同且收到预付款项的次日	组织线上 4-D 系统培训班	林健老师授课录像	手机端相关应用和电脑端相关应用	开班并发文通知	辅导甲方相关人员在线上开始学习	
	实战营前一个月启动	4-D 系统习书会，每周一章	ORID	线下；微信	购书、组织学员	首次进行现场指导，后续为线上指导	
	实战营前两周启动	TDA 测评	团队发展测评表	手机端相关应用和电脑端相关应用	在乙方的指导下组织第一次 TDA 测评	辅导甲方相关人员使用 TDA 测评系统	如果产生费用，直接向合作方提出需求
	实战营前一周启动	沟通实战营内容	TDA 测评报告	线下	约定管理层人员的时间	辅导管理层人员解读 TDA 测评报告	

续表

阶段	时间	内容	工具	平台	甲方职责	乙方职责	备注
实战营后	每天	分享4-D系统修炼心得	手机与电脑	微信	发文要求开展此项工作	在微信群里答疑、造势	
实战营后	一周内	完善4-D领导力和卓越团队建设制度，促进4-D文化普及	略	略	下发4-D领导力和卓越团队建设制度，开展IDA月度测评、TDA季度测评和通报	提供相关制度的范文	
	不定时（根据需要）	中高管和骨干人员一对一领导力教练	略	略	根据IDA测评报告及公司、个人实际需要，提出一对一教练需求	提供教练服务，保证质量	
	每个月	IDA测评	个人发展测评表	手机端相关应用和电脑端相关应用	根据合作协议和公司制度组织	督促、提供专业支持	
	每个季度	TDA测评	团队发展测评表				
	第一季度结束	启动二级机构4-D系统实践	与公司级4-D系统实践相同		根据合作协议和公司制度组织	督促、提供专业支持	
	第二季度结束	4-D教练能力内化	略	略	在4-D导师/教练的指导下，从践行成效显著的团队负责人中选拔公司级4-D导师/教练人才，并组织资格认证	督促、提供专业支持。必要时提供现场支持（付费，可以结合交互式培训师实战营）	

附录 3

关于在××公司深入开展 4-D 卓越团队建设的通知

关于在××公司深入开展4-D卓越团队建设的通知

为落实集团公司提出的"提高活力、能力、执行力"要求，激发公司员工的潜能，鼓励公司员工积极主动地投入工作，优化管理者的人际沟通能力和领导力，提升管理团队的管理技巧和管理效率，使得团队有活力、有合力、有动力、有能力、有业绩，××公司组织开展了公司软实力建设系列之4-D卓越团队建设实战营（一、二阶）。

感谢各部门、支局、班组前期的共同努力，4-D卓越团队建设在部分团队中取得了初步的积极成效，为确保完成20××年度经营任务提供了强有力的团队保障和领导力保障。

研究决定，继续在公司深入开展"5有"4-D卓越团队建设，现将相关要求通知如下。

一、活动第一阶段时间安排：20××.8.1至20××.12.31

二、预期目标与成效

1.能力

（1）建立简易、可落地的4-D卓越团队绩效力诊断及其修炼体系。

（2）建立管理团队的领导风格诊断及其修炼体系。

（3）掌握有效提升个人领导力、团队绩效力，优化企业文化的4-D工具的使用方法。

2.成果

（1）更新团队思维模式，优化团队人力资源配置，解决团队热点、难点问题，重塑责任、效率、执行文化，打破部门隔阂，提高团队执行力。

（2）优化团队成员相互理解与沟通的模式，持续改进团队氛围，提高员工敬业度和客户满意度，进一步厘清员工的角色、责任与权力，提高员工的执行力，助力公司管理效率的提升。

三、关键举措

1. 学习、宣讲与践行 4-D 系统，组织 4-D 工作坊（复盘模板见附件一）

（1）持续要求关键岗位人员进行"4-D 卓越团队绩效力"在线课程学习。

（2）持续要求管理者与核心骨干参加 4-D 卓越团队建设实战营。

（3）管理者带头向员工讲解 4-D 系统，带头践行 4-D 系统。

（4）采用社群形式或面对面形式，建立常态化的团队伙伴相互表达欣赏、感激的制度。

2. 优秀团队开展团队测评与修炼

（1）采用团队自愿报名的形式组织团队建设实战。

（2）优秀团队负责人进行 IDA 测评，并根据测评结果进行有针对性的修炼，坚持每天复盘 8 个行为习惯并进行文字总结、分享。

（3）组织团队进行 TDA 测评，并根据测评结果进行有针对性的团队修炼。

3. 建立制度，形成文化

建立 4-D 领导力和团队建设月度测评机制（每月 15 日），对优秀团队及其领导开展 4-D 卓越团队建设的成效进行总结与通报，形成比、学、赶、超的氛围，对成效显著的团队给予一定的奖励，且使其获得在年度评优、评先中（同等情况下）的优先权。

4. 储备 4-D 卓越团队建设人才

在 4-D 导师/教练的指导下，从践行 4-D 系统成效显著的团队负责人中选拔公司级 4-D 导师/教练人才，并组织资格认证，为持续开展内部 4-D 卓越团队建设和向外部输出 4-D 卓越团队建设做好人才储备。

四、团队激励

1. 奖励形式

（1）设立月度团队组织优胜奖：每月评选出当月表现最优异的团队，奖励团队 300 元。

（2）设立年度团队组织优胜奖：设一、二、三等奖各一名——一等奖，奖励团队 1000 元；二等奖，奖励团队 800 元；三等奖，奖励团队 500 元。

（3）设立年度优秀学员奖：全年评选优秀学员 10 名（以内），各奖励一张价值 300 元的读书卡。

2. 奖励标准

（1）团队必须坚持定期组织开展学习活动，有 8 个行为习惯提升计划（复盘模板见附件二）、有经验分享、有学习成效（团队的 TDA 测评和团队负责人的 IDA 测评提升均超过 3%，团队业绩提升明显）。

（2）团队成员必须积极参加学习活动，团队负责人（包括班组长）和团队成员有 8 个行为习惯提升计划（复盘模板见附件二）、有经验分享、有学习成效。

五、组织保障

1. 设公司项目负责人

公司项目负责人由办公室主任担任，负责 4-D 卓越团队建设项目的总管理。

2. 设部门/团队项目组长

部门/团队项目组长由部门领导或者综合管理人员担任，负责 4-D 卓越团队建设项目在本团队的落实。

附件一：

4-D 工作坊回顾与行动计划（参加 4-D 工作坊后一周内完成）

项目	内容	总结
客观事实	通过参加 4-D 工作坊，我学习、收获了什么	
	哪个收获对我而言最重要	
本能反应	以上收获给我的内心带来了怎样的情绪变化和感受	
联想与启发	如果我在自己有所收获的方面得到显著提升，对我而言意味着什么（谁会受益、谁会受到影响等）	
	我应该怎样做	

附录3　关于在××公司深入开展4-D卓越团队建设的通知

续表

项目	内容	总结
行动举措	下一步，我最想做的是什么	
结果	现在的我，有哪些行为特点	

附件二：

4-D 系统每日（周）知行修炼表

践行人姓名：

日期：

操练项目	自我评分 （1分至10分）	总结（应用 AMBR）
及时表达真诚的欣赏与感激		
关注共同利益		
适度包融他人		
信守所有协议		
直面现实的乐观		
100% 投入		
避免指责与抱怨		

续表

操练项目	自我评分 （1分至10分）	总结（应用 AMBR）
厘清角色、责任与权力		
得分小计		注：8个行为习惯，未必每天/每周都能做到，没有关系，关注当下的提升！
整体评价（在对应的格子中划勾）： □完全不满意　　　　　□基本满意　　　　　□完全满意		

附录 4

4-D 系统知行合一承诺书

4-D 系统知行合一承诺书

我怀着对 4-D 系统创始人查理博士的敬仰和感恩之心,承诺如下。

一、共同承诺(中长期承诺)

A 关注点:为了更好的自己、更好的家庭、更好的工作环境和更好的中国社会,我承诺追求 4-D 全能的人生,活出生命的全部精彩。

M 心态:我很开心自己有机会和缘分与大家携手学习 4-D 系统。我认同 4-D 系统的道、法、术;我认同 4-D 系统是一种人生观、世界观、价值观,是一种思维方式,更是一种生存方式和精神境界。

B 行为:我愿意用 AMBR 和 CSW 这两个 4-D 系统修炼工具知己解彼、先人后己、先人后事,专业化地平等待人、尊重他人,并承诺坚持不懈地进行自我修炼,终生不渝。

R 结果:我活出了 4-D 全能的样子,能够通过自己的言行影响身边人,一起打造一个和谐的环境;能够知人善用,让家庭生活和团队工作过程、成效更加令人喜悦。我成了一个掌握这一完善自我的科学与艺术的人。

二、服务提供方"4-D 软实力开发中心"承诺(21 天 +3 个月)

1. 我们承诺秉持达人达己的初心,让学员接受最专业的 4-D 系统教育与践行辅导,与学员一起成长。

2. 我们承诺陪伴学员 21 天(第一阶段)+3 个月(第二阶段),每天在微信修炼群内为学员点评、点赞、答疑、赋能。

三、参训学员承诺(21 天 +3 个月)

1. 完成"4-D 系统入门"在线课程学习和相关案例学习,输出文章一篇;或者阅读课前学习资料，输出文章一篇（3个月内）。

2. 课前完成 TDA 测评（团队人数 5 人及以上）。

3. 参加 4-D 工作坊后 3 个月内，坚持每日修炼并在工作中应用 4-D 系统，使用 AMBR 分享修炼收获。

4. 打卡、分享次数不少于 20 次/月，其中，第一个月的前 10 天每天坚持分享，同时做到不出现连续 3 天不修炼、不分享的现象。

服务提供方代表（"4-D 软实力开发中心"代表）：

参训学员：

日期：

附录 5

TDA 测评报告分析范文

TDA 测评报告分析范文

××公司教育板块团队发展现状调查分析报告

为加速实现公司健康可持续发展，股份公司管理层决定更加成体系地推进公司的软实力建设。筹建商学院、加强领导层的领导力建设是软实力体系化建设的有机组成部分。为了提高领导团队能力开发的有效性，公司委托 4-D 软实力开发中心实施了分层级、分团队的卓越团队及其领导力现状调查。现将 ×× 职院相关情况分析如下。

一、问卷设计与统计数据说明

本次调查使用的问卷是美国航空航天局前高管、美国团队领导力专家和咨询顾问、4-D 系统的创始人查理·佩勒林博士发明的 4-D 卓越团队第五力问卷。问卷主要从决定公司成败的软实力主要构成部分——文化活力、团队凝聚力、战略/目标驱动力和执行力四大要素及其 8 个行为习惯入手，诊断、分析组织、团队的社会场域/第五力。

该问卷不仅在美国经过了十几年的应用与完善，进入中国后，也已在近万个团队中使用过，其有效性得到了广泛的认可。

为了了解公司 ×× 职院团队的凝聚力、协同力，我们针对校领导、院系领导和处室领导进行了问卷调查。共有 45 人参加了问卷调查，有效问卷 29 份，被调查者包括校领导 3 人、院系领导 13 人、处室领导 13 人。

二、×× 职院团队绩效力现状分析

1. ×× 职院团队处于高风险、低绩效区域

根据问卷统计数据，×× 职院团队的 8 个行为习惯的总体平均得分为 3.71

分（总分为 5 分），得分率为 74.20%。这个数据表明团队处于高风险、低绩效区域，值得被关注。

	8 个行为习惯及其得分								各层级平均	分位值
	及时表达真诚的欣赏与感激	关注共同利益	适度包融他人	信守所有协议	直面现实的乐观	100%投入	避免指责与抱怨	厘清角色、责任与权力		
校领导	3	3.33	3.33	2.66	3.33	3.66	3.33	3.33	3.25	65%
院系领导	4.08	4.48	4.15	4.08	3.62	4.08	4	4.15	4.08	81.60%
处室领导	3.69	4	3.85	3.92	3.69	4	3.46	3.92	3.82	76.40%
总体平均	3.59	3.94	3.78	3.55	3.55	3.91	3.59	3.8	3.71	74.20%
4-D 得分	3.76		3.67		3.73		3.69		略	略

查理博士的经验表明，导入并践行 4-D 系统后，每个周期，团队的绩效可以提升 3%~5%。4-D 软实力开发中心的相关实践案例表明，在中国，其效果更为明显，最高时甚至能达到 300%。

2. 团队凝聚力和执行力是××职院团队目前做得最不好的两个方面

根据问卷统计数据，××职院团队在团队凝聚力方面的得分最低，其次是执行力方面。

	四大要素得分				平均分
	文化活力	团队凝聚力	战略/目标驱动力	执行力	
4-D 得分	3.76	3.67	3.73	3.69	3.71
排序	1	4	2	3	

3. 各层级管理团队对四大要素及××职院团队整体氛围的认知差异较大

首先，对团队整体氛围的感知上，院系领导的感知度位列第一，处室领导的感知度位列第二，校领导的感知度排名垫底。院系领导对团队现状的认知偏乐观，其上级校领导和下级处室领导对团队现状的认知相对来说更悲观，这个现象值得注意。

岗位类型	各层级平均分	分位值
校领导	3.25	65%
院系领导	4.08	81.60%
处室领导	3.82	76.40%

其次，同层级领导对团队整体氛围的感知是不一样的，以校领导为例，平均分高低相差1.63分。值得注意的是，校领导对目前团队的评分普遍偏低，且是××职院3个层级的领导中最低的，说明××职院校领导对目前学院的现状有比较清醒的认知。

	8个行为习惯及其得分								平均分
	及时表达真诚的欣赏与感激	关注共同利益	适度包融他人	信守所有协议	直面现实的乐观	100%投入	避免指责与抱怨	厘清角色、责任与权力	
校领导1	3	4	4	3	4	4	3	4	3.63
校领导2	4	4	4	4	4	4	4	3	3.88
校领导3	2	2	2	2	3	3	2	2	2.25

最后，不同领导对同一行为的感知差异极大。总体而言，参与测评的领导对同一行为习惯的感知结果是无规律的。以各处室领导为例，针对每个行为习惯，基本都有完全达到和不太理想的两极分化的感知。

	8个行为习惯及其得分								平均分
	及时表达真诚的欣赏与感激	关注共同利益	适度包融他人	信守所有协议	直面现实的乐观	100%投入	避免指责与抱怨	厘清角色、责任与权力	
处室领导1	5	4	5	5	5	4	4	4	4.5
处室领导2	5	5	5	5	5	5	5	5	5

续表

	8 个行为习惯及其得分								平均分
	及时表达真诚的欣赏与感激	关注共同利益	适度包融他人	信守所有协议	直面现实的乐观	100%投入	避免指责与抱怨	厘清角色、责任与权力	
处室领导3	3	4	4	4	4	4	4	4	3.88
处室领导4	3	3	3	3	3	3	2	3	2.88
处室领导5	3	4	4	4	2	5	4	4	3.75
处室领导6	4	4	4	4	4	4	3	4	3.75
处室领导7	4	4	4	3	4	4	3	3	3.63
处室领导8	4	4	3	3	4	4	3	3	3.5
处室领导9	3	4	4	4	4	4	3	4	3.75
处室领导10	5	5	4	5	4	5	4	5	4.63
处室领导11	4	4	4	4	4	4	4	4	4
处室领导12	3	4	3	4	3	4	3	4	3.5
处室领导13	2	3	3	3	3	3	3	3	2.88
13个处室领导平均分	3.69	4	3.85	3.92	3.69	4	3.46	3.92	

以上数据表明，××职院团队还未形成强文化特征，所以大家对各行为的感知不一样。与此同时，不同的领导，对相关标准的认知存在差异。针对这一情况，××职院需要统一、规范管理。

4．战略/目标驱动力、团队凝聚力等均存在亟待解决的问题

	8 个行为习惯及其得分							
	及时表达真诚的欣赏与感激	关注共同利益	适度包融他人	信守所有协议	直面现实的乐观	100%投入	避免指责与抱怨	厘清角色、责任与权力
校领导	3	3.33	3.33	2.66	3.33	3.66	3.33	3.33
院系领导	4.08	4.48	4.15	4.08	3.62	4.08	4	4.15

续表

	8个行为习惯及其得分							
	及时表达真诚的欣赏与感激	关注共同利益	适度包融他人	信守所有协议	直面现实的乐观	100%投入	避免指责与抱怨	厘清角色、责任与权力
处室领导	3.69	4	3.85	3.92	3.69	4	3.46	3.92
总体平均	3.59	3.94	3.78	3.55	3.55	3.91	3.59	3.8

根据问卷统计数据，××职院团队有4个明显的短板（分值处于3.75分以下）。

首先，最严重的问题是团队成员极少表达直面现实的乐观，团队成员对团队发展的战略与目标缺少认同，团队必然缺乏发展动力。其次，团队成员难以信守所有协议是第二个需要尽快解决的问题，缺乏协议的团队是很难做到成员间相互信任的，而成员间相互信任是团队凝聚的命脉。再次，院系领导和处室领导均感受到了明显的充斥着指责、抱怨的团队氛围，这是又一个严重阻碍团队成员提高执行力的情况。最后，校领导和处室领导都认为团队中及时表达真诚的欣赏与感激的氛围不够。

5. 改进建议

4-D系统，可用于解决个人认知与领导力改进问题，测评团队并改进团队建设，进而全面促进公司文化活力、团队凝聚力、战略/目标驱动力和执行力的提升，有一个大道至简、道法术俱全的管理与开发工具包，包括测评平台、导师辅导课程、课后行动学习指导、4-D卓越团队和个人领导力体系导入工具。依托4-D系统的有效性和可操作性，建议公司完成以下工作，全面导入4-D系统。

① 首先解决人际信任方面的问题，在此基础上，通过团队共创，解决目标、动力方面的问题。

② 校领导团队率先垂范：先在校领导团队中导入4-D系统，在校领导团队

践行 4-D 系统一个月，再次测评显示卓有成效后，再在其他层级团队中导入 4-D 系统。

③ 使用 4-D 系统评估团队和个人领导力，但不要将评估结果引入绩效考核。

④ 建立 4-D 团队评估制度，作为全面完善教学管理科学性的切入点之一。

××公司卓越团队与领导力项目顾问组

20××年××月××日

附录 6

4-D 系统项目领导力实战工作坊 实施日程表范例

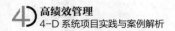

4-D 系统
项目领导力实战工作坊实施日程表

×× 软件公司 主办

4-D 软实力开发中心 承办

20×× 年 ×× 月

附录6 4-D系统项目领导力实战工作坊实施日程表范例

一、训前准备

模块	任务与目标	工具（或素材）	时长
"4-D卓越团队领导力"相关课程在线预习	预习"4-D卓越团队领导力"系列课程，了解4-D系统在中国的实践案例；了解有关社会场域/第五力的基础知识；了解管理社会场域/第五力的关键工具	在线课堂"4-D卓越团队领导力行动学习项目（基础）"：4-D卓越团队领导力概述视频（4小节）；"4-D卓越团队领导力体系"介绍文档	（提前两周完成）自学90分钟
TDA测评（由真实项目团队参加测评）	组织项目团队核心成员参加在线TDA测评：在真实项目团队中选择5~25人，收集姓名和邮箱；每位团队成员通过邮箱接收测评链接，按照测评系统中的打分标准，从8个方面出发对团队氛围进行独立评估，并提供评估依据；参加在线TDA测评的团队成员超过5人，即可生成TDA测评报告	提前10天收集《项目团队核心成员基础信息表》；提前一周发出含TDA测评的测评链接的邮件	（提前一周完成）团队成员在线测评10~15分钟
TDA测评报告解读（面向团队负责人）	项目团队的TDA测评完成后，在交付工作坊之前，由4-D导师/教练向项目总监或项目经理解读TDA测评报告。通过解读TDA测评报告，项目总监或项目经理可了解项目团队成员参与TDA测评的情况；知晓TDA测评的均值与基准比较结果；区分团队成员8个行为习惯的表现差异，洞察团队发展的优势和挑战；拟定实战工作坊的团队共创话题	《××项目团队发展评估报告》	（提前一天完成）预计1.5~2小时
工作坊需求访谈	交付实战工作坊前1~2周，由4-D导师/教练对项目总监或项目经理进行电话访谈，以了解项目的背景，包括项目目标、范围、进度等；项目实施中的团队协作情况，包括内部协作、外部合作等各方面的优势与风险	《××项目访谈提纲》	预计1~1.5小时

二、两天工作坊安排（完整版）

序号	模块	研讨流程	输出成果	时间	形式/物料
第一天上午					
1	开启心扉	开场说明：初识人类认知与行为机制（AMBR）；区分情绪与赋能的关系；介绍核心学习流程，讲解课程收益，签署课堂协议	了解规律，认识"赋能"，明确课程收益、课堂协议	08:30—09:15	情绪定位图 白板纸 白板笔/彩笔
2	导入4-D系统	介绍影响团队绩效的社会场域/第五力与4-D系统：什么是社会场域/第五力？社会场域/第五力有什么神奇之处？4-D系统是如何管理社会场域/第五力的？	明确个人天性、岗位匹配、团队分布，通过TDA测评完成团队诊断	09:15—12:00	天性测评工具 成员分布图 TDA测评报告 白板纸 白板笔/彩笔
第一天下午					
3	个人发展	领导者天性的深入认知与领导力开发：如何区别4种天性的特质与领导风格？如何发展自己成为4-D全能的领导者？	认识天性、挖掘潜能、4-D全能管理、情绪管理、行为背景转换	14:00—17:30	共创：天生我材必有用 共创：领导优势 活动：红绿转换 白板纸 白板笔/彩笔
第一天晚上					
4	晚间作业	天性测评与解读：给亲友、给伙伴	测评结果分享	20:00—21:00	天性测评链接

附录6　4-D系统项目领导力实战工作坊实施日程表范例

续表

序号	模块	研讨流程	输出成果	时间	形式/物料
		第二天上午			
5	团队发展（上）	8个行为习惯的自我觉察与修炼—— 1B：及时表达真诚的欣赏与感激 2B：关注共同利益 3B：适度包融他人 4B：信守所有协议	困境破解、关注共同利益、体验信任、进行自我评估	8:30—12:00	共创：背景转换 活动：进行个人8B评估 活动：及时表达真诚的欣赏与感激 共创：发现共同利益 活动：信任练习 白板纸 白板笔/彩笔
		第二天下午			
6	团队发展（下）	8个行为习惯的自我觉察与修炼—— 5B：直面现实的乐观 6B：100%投入 7B：避免指责与抱怨 8B：厘清角色、责任与权力	困境破解、表达乐观、100%投入、避免责怨、完成自我评估	14:00—16:30	共创：背景转换 活动：进行个人8B评估 共创：直面冲突与契约 共创：明确首要目标 活动：发出4-D请求 白板纸 白板笔/彩笔
7	行动承诺	制订4-D系统的应用与行动计划；制订团队行动举措并签字承诺；制订个人行动计划	团队行动承诺、个人行动计划、分享计划	16:30—17:15	共创：制订团队行动计划 活动：制订个人行动计划 白板纸 白板笔/彩笔
8	总结分享	回顾团队诊断：成员分布与TDA测评优劣势；困境破解：心态转换与8B觉察；行动承诺：团队首要目标与行动清单；研讨总结：发起人总结，发表指导意见	团队觉察、行动承诺、组织推动	17:15—17:30	走场式回顾、总结讲话

三、项目咨询诊断工作坊的课程大纲

序号	模块	研讨流程	输出成果	时间	形式/物料
第三天上午					
1	启动	开场说明：AMBR打卡分享规则；研讨整体安排；目标产出规则；研讨规则	任务目标、任务说明	09:00—09:15	3张海报
2	案例分享	××项目的4-D实践；××项目导入4-D系统的背景与成效；4-D系统助力××项目攻克的难关；××项目导入4-D系统后开展的活动	案例价值、实践内容、实施举措	09:15—10:30	PPT文档：《××项目从延期到逆袭》
3	风险诊断	项目风险与挑战的识别：个人独立评估，输出3条主要风险；2~3人组成小组，对3条风险达成共识；集体输出，投票确定2条重大挑战	评估风险、明确挑战	10:30—11:15	《项目经理的风险检查表》
4	方案探索（上）	项目挑战的解决方案探索：参照CSW，探究挑战背后的根因	挖掘根因、聚焦价值	11:15—12:00	共创：提问风暴 共创：根因挖掘 白板纸 白板笔/彩笔
第三天下午					
5	方案探索（下）	项目挑战的解决方案探索：结合8个行为习惯，针对主要的1~3条根因，探索对策	可执行的对策	14:00—15:30	共创：探索对策 白板纸 白板笔/彩笔
6	行动承诺	制订应对挑战的行动计划；落实责任	行动计划表	15:30—16:30	集体评议
7	总结分享	流程回顾：检查研讨流程；成果检视：检视项目挑战、根因、对策；行动承诺：行动计划确认与签字；研讨总结：发起人总结，发表指导意见	工作坊回顾、行动承诺	16:30—17:00	走场式回顾、总结讲话

四、训后项目团队修炼

课后辅导：辅导和督促学员线上分享、打卡；帮助学员养成应用 4-D 系统处理日常工作和生活中的问题的习惯；推动学员的 4-D 全能发展；结合具体的工作挑战或生活困境，适时开展实战工作坊。

建议公司、各事业部、各试点项目团队根据实际情况开展以下活动。

模块	任务与目标	责任部门/责任人	周期
公司层面的组织推动	组建 4-D 联合工作组，由公司人力总监任组长，由培训专员、各事业部 4-D 学习委员和外部 4-D 执行导师/教练组成	人力资源部	一事一议
	下发公司文件，组织推动 4-D 系统宣讲与学习、试点项目团队训前测评与训后测评、4-D 修炼分享、内部 4-D 导师/教练培养等	培训专员	一事一议
事业部层面的学习运营	指定 4-D 学习委员，推动试点项目团队开展个人修炼活动和团队修炼活动，做好 4-D 活动宣传	事业部总监	月度
	设立奖学金机制，对坚持 4-D 修炼的学员和项目团队予以支持和鼓励	4-D 学习委员	月度
项目团队层面的修炼日常化	受训学员每日在 AMBR 群中打卡、分享	项目总监/项目经理	每日
	每两周开展一次实战工作坊，集体修炼 8 个行为习惯、运用 CSW 破解项目挑战等	项目经理	每两周
	坚持项目团队协作行为 4-D 化，组织 4-D 项目例会、4-D 项目进度月报整理、项目风险与挑战季度盘点等	项目经理	一事一议

附录 7

SS 分公司办公室 HR 编写的 4-D 系统践行阶段总结

群策群力 80 天，士气业绩双提升

——SS 分公司践行 4-D 系统 + 行动学习 80 天小结

自 2015 年 10 月 10 日践行 4-D 系统以来，至今已近 3 个月，林健老师生动有趣、别出心裁的讲课方式让我们受益匪浅。

课上，林健老师采用引导式教学法，首先，从员工在公司最关注的 3 件事情入手，共创工作氛围优化、个人能力提升、薪酬福利合理这 3 个关注点的相关内容，结合课前的 TDA 测评，达成了薪酬从何而来的共识，并在此基础上，导出反思、沟通工具 ORID 和团队共创 6 分步法工具。其次，通过组织对 5 个关键问题进行研讨，让大家认识在公司内建立软实力体系的重要性及其落实之道。最后，结合 TDA 测评结果，林健老师以团队成员的个人天性和领导力风格为核心，对 4-D 领导力和 4-D 卓越团队建设进行了介绍。

课前、课中及课后，林健老师通过微信群与参训人员进行了持续互动。省某信息服务有限公司移动学习团队将为 SS 分公司提供"软实力商学院"移动学习平台、4-D 卓越团队绩效力实战修炼营、员工天性及团队绩效力测评等产品和服务，在未来 3 年持续帮助 SS 分公司搭建完整的软实力体系，以实现 SS 分公司经营业绩和管理水平的双提升。

在林健老师的指导下，SS 分公司迅速搭建软实力体系，组织全体员工快速响应，积极实践，第一时间开展对各自团队的转训工作。与此同时，SS 分公司搭建了企业网络大学公共服务平台，为全体员工提供学习和实践资源。

一、各团队转训情况

BG 分局聚焦光改细化问题，提出问题，调整对策，营销效果有明显提升。目前，BG 分局日均光改数提升至 50 余部，BG 光宽占比达 89.93%，士气高涨。

LX 分局采用共创的方式讨论光改面临的困难，与会人员群策群力，针对困难提出解决办法，通过共创，统一全员思想，按 SS 分公司部署，力争在 11 月 20 日前完成光改任务。与此同时，LX 分局组织了 4-D 领导力培训，在团队成员中传递正能量，互相赞美，营造良好氛围。培训取得了一定的成效，培训后，LX 分局超额完成服装城 4 栋光改，收单超 200 部，超 95% 达到光网格标准。

HJ 分局采用共创的方式讨论分局面对的问题，针对光改问题，细化解决思路。10 月 14 日，销售及渠道拓展部组织部门管理人员重新梳理第四季度重点业务及关键指标，并针对存量工作中的"4G 终端用户换卡"这一短板的提升展开讨论。通过复盘第三季度的实体渠道完成情况，销售及渠道拓展部管理人员了解了当前的存量经营困境，分析了其出现原因（包括用户疑虑、渠道利益、触点方式）。针对短板，销售及渠道拓展部将动员各分局人员群策群力，通过数据挖掘分析用户行为，先易后难，步步为营，以"积分兑换""流量赠送"为噱头群发短信或电话通知，引人入店或上门服务，解决触点问题，加快 4G 重点用户换卡的进度。10 月 15 日，政企客户部针对市政府微推光改进行了回顾、总结，提出了改进方法，同时组织团队学习了 4-D 卓越团队相关材料。后期，政企客户部将组织学习查理·佩勒林博士的著作，力争打造一支卓越团队。

XZ 分局召开"决战光城，大干 60 天"动员大会，会议重新梳理光改营销、受理、开通等流程，并对各环节存在的问题进行讨论，提出解决方法。会后，XZ 分局政企团队使用团队共创法，结合市公司微推会活动，引入 OPPO 手机经销商，联合天翼 4G 终端深入锦尚纺织基地开展微推活动。

HB 信息服务有限公司也组织团队成员学习移动学习/企业软实力商学院业务及 ORID 方法，针对具体客户——SS 分公司自驾游协会，共创翼支付 9 折加油卡和移动学习等业务营销，学以致用，强化效果。

YN 分局开展 4-D 团队建设培训。

FL 分局组织团队共创，针对分局光改业务遇到的问题进行了深入、热烈的讨论，并学习兄弟分局的先进经验，总结、整理出了一套适合自己的光改推进办法。分局人员已着手落实，全力以赴，争取按期实现光改目标。

HB 分局组织团队共创，结合光改目标，制订"决战光改 65 天"行动计划，发挥团队合作精神，全力以赴打好光改战役。

二、学习成果及感想

经过近 3 个月的学习，我们成长了许多，也收获了许多。

在光网城市创建中，截至 11 月 18 日，SS 光宽占比达 79.07%，位列全区第 4；平均速率达 25.035M，位列全区第 4。

BG 分局组织开展"45 天冲刺全光分局"活动，提前完成 SS 分公司的"全光分局"创建工作，截至 10 月 14 日，BG 分局光宽占比 90.16%，活动期间累计新增光宽带 3691 户，日均光改超 82 户，光宽占比提升 8.62%，50M 及以上光宽占比达 33.6%。

HJ 分局从 10 月 17 日开始为光网城市建设大干 30 天，至 11 月 16 日，实际完成 2196 户光纤改造，光宽占比从 8 月份的 74.13% 提升至 90.90%，平均速率达 24.793M，提前 4 天完成"全光分局"的创建工作，成为 SS 分公司的第二个"全光分局"。

LX 分局学习并使用团队共创法和 ORID 方法论，现身说法，进行客户洽谈模拟演练。经过团队共创、群策群力、经验分享，LX 分局近期签约成果颇丰，例如，在得知用户欲同 ×× 通信运营商合作的情况下，紧抓学校准备进行省优评选的时机，应用 4-D 系统，给客户分析自己与 ×× 通信运营商之间的差异，最终签约成功，合作金额为 93920 元（一次性预存 8 个月费用）+40000 元（押金），第 9 个月起，月收入为 9740 元，且目前在谈该学校的智能化项目；针对用户网速需求大、建设时期短的要求，用优质服务拉近与用户之间的距离，成功签约"×× 淘工厂"2 部 999 尚品宽带、5 坐席呼叫中心（预计后期会有增加），根据用户后期需求，还初步达成"政企光纤+天翼员工组网+999 尚品宽带"业务合作意向，通过这次签约，大大地提高了员工士气与战斗力！

在提高业务能力的同时，SS分公司员工的活力也在不断提升。

其一，团队凝聚力得以增强。团队作战方式由单人单兵作战转为协作共创，不仅提高了团队合作能力，也促进了业务提升。人在一起不是团队，心在一起才是团队。4-D系统教会我们要关注、培育自己和团队的关注点、心态、行为、成果。

其二，团队成员学会了表达欣赏和感激，减少了抱怨与指责。领导与员工、员工与员工之间能够相互鼓励、赞美，共同创造美好的环境，同时拉近人与人之间的距离。学会欣赏和感恩，更可能拥有幸福和快乐。

其三，团队成员的工作主动性得以提高。在光改浪潮中，团队成员主动放弃周末休息时间，加班加点，奋战在一线。发红包这一激励方式给予了员工更多的工作动力，激发了员工主动营销的积极性。

其四，团队成员的思维方式得以改善。改变有问题找领导的思维方式，学会了使用团队共创法和ORID方法论集思广益，聚焦短板，共同解决问题。同时尝试为用户做性格分析，拉近与用户之间的距离，加快业务发展。

4-D系统不仅是"知"，还是"行"。只有不断地学习、实践，才能够领悟它的精髓，获得成长和提升，为SS分公司再创辉煌！

附录 8

4-D 卓越团队领导力工作坊
学员练习手册

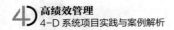
高绩效管理
4-D 系统项目实践与案例解析

4-D 卓越团队领导力工作坊
学员练习手册

姓名：_____

×× 公司 主办

4-D 软实力开发中心 承办

心声与天性

一、个人情况

1. 我叫 _____。

2. 我在 _____（家乡所在地）长大。

3. 我有 _____ 个兄弟姐妹，我排行第 _____。

4. 我经历过的最困难、最重要、最大的挑战/挫折是 _____

_____。

5. 我的兴趣爱好是 _____。

6. 我在 _____（部门/单位）担任 _____（岗位）工作。

7. 我来参加这个培训的目的是 _____。

二、天性探索

步骤1：划勾——快速地在更符合你的决策方式对应的表格中划勾。

情感型决策，我——	划勾处	逻辑型决策，我——
认为和谐是很重要的东西		认为和谐是达到目的的一种手段
喜欢根据"感觉对不对"做事		喜欢根据"合理不合理"做事
以"人"为首要考虑因素		以"事"为首要考虑因素
以保持和谐关系为重		以遵守正确路线为重
倾向于通过达成共识来决策		倾向于根据自己的想法来决策
首先相信自己的内心		首先相信自己的头脑
不能容忍冲突对立		能够容忍冲突对立
情感型决策—合计：		逻辑型决策—合计：

圈选划勾数较多的一边，即可判断你的决策方式倾向。

步骤2：划勾——快速地在更符合你的信息获取方式对应的表格中划勾。

直觉获取信息，我——	划勾处	感觉获取信息，我——
依靠个人内在感觉		依靠个人观察
更多地考虑"可能会是什么"		更多地考虑"是什么"
偏好创造		偏好常识
倾向于依据灵光一现的洞察力做事		倾向于依据仔细分析做事
喜欢研究概念		喜欢研究事实和数据
注重全局考虑		注重细节
喜欢宏观想法		喜欢既成现实
直觉获取信息—合计		**感觉获取信息—合计**

圈选划勾数较多的一边，即可判断你的信息获取方式倾向。

步骤3：根据圈选结果，把4个数字分别填写在下图坐标轴顶端的"（　）"中。这是你"基础"天性的第一标志。

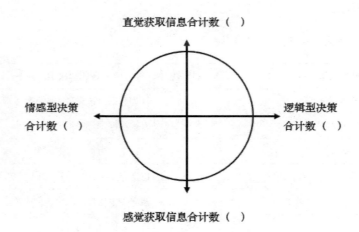

步骤4：领取你的领导力徽章，并在工作坊中全程佩戴。

步骤5：在团队挂图上相应的天性维度中写下你的名字，让大家都能看见。我们会对团队内天性的分布情况进行讨论。

团队文化诊断

步骤1：根据团队成员的天性分布，记录文化图表，以供参考。

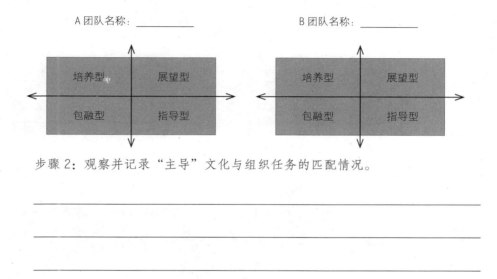

步骤2：观察并记录"主导"文化与组织任务的匹配情况。

_____

_____

_____

项目心态探寻

调查项目利益相关方的心态，找到不一致的地方，及早修复。

步骤1：在团队挂图上的如下表格中写出重要的利益相关方。

步骤2：学员分别在自己手中的白色卡片上绘制如下表格，并写下自己的观点。

步骤3：将学员手中的卡片收上来，整理在团队挂图上的表格中展示。

步骤4：引导学员对记录结果进行讨论。

	我们的团队	_____（利益相关方）
工作绩效		
成本		

TDA 测评报告解读

一、测评参与情况

1. 对测评参与情况总结如下。

_____

2. 团队总体得分与基本标尺如下。

_____

3. 汇总所有学员的观点,分析如下。

_____

4. 分析 8 个行为习惯在团队中的具体表现(五分位中,各行为习惯的相对等级),说说哪些行为正限制着团队绩效的提升。

_____

二、团队的 8 个行为习惯表现和将要采取的行动

行为习惯 1:及时表达真诚的欣赏与感激,让团队中互相尊重和顺畅沟通的社会场域得以保持。

建议的团队行动(讨论)如下。

☐ 利用每周例会开始的时间及时表达真诚的欣赏与感激。

☐ 指派 _____(提名)收集和记录日常成就,在年底时回顾、庆贺(比如比萨庆贺午餐)。

☐ 指派 _____(提名)制作幻灯片,引导大家进行"感恩"和"感激"练习。

☐ 其他行动:

_____

行为习惯 2：关注（着手找到）共同利益，让团队中积极协作的社会场域得以保持。

建议的团队行动（讨论）如下。

☐ 在组织中的任何团队有困难时，推举引导员带领大家做关注共同利益的练习。

☐ 指派 _____（提名）制作幻灯片，引导大家进行相关练习。

☐ 其他行动：

_____

行为习惯 3：适度包融他人，提高工作效率，且避免团队成员因被排斥而产生愤怒情绪。

建议的团队行动（讨论）如下。

☐ 关注集体包融不足的现象，及时与他人分享必要的信息。

☐ 特别注意避免过度包融，如往来太多邮件或召开太多会议。

☐ 指派 _____（提名）制作幻灯片，引导大家做"面具访谈"，并时常反思包融是否适度。

☐ 其他行动：

_____

行为习惯 4：信守所有协议，让团队中可信赖的社会场域得以保持。

建议的团队行动（讨论）如下。

☐ 彼此支持，做到信守所有协议。

☐ 准时参加会议，任何人迟到都按同样的处罚处置。

☐ 指派 _____（提名）制作幻灯片，引导大家进行相关练习。

☐ 其他行动：

_____

行为习惯 5：直面现实的乐观，让团队中的创造力得以保持。

建议的团队行动（讨论）如下。

☐ 彼此支持，保持乐观、务实的心态。

☐ 鼓励大家说出不如意的现实。

☐ 指派 _____（提名）学习用 CSW 引导大家着手处理不如意的现实。

☐ 用 CSW 处理不如意的现实，并得到乐观的结果。

☐ 其他行动：

_____

行为习惯 6：100% 投入（对结果承诺），让团队习惯于改变视角看问题，得到更佳的解决方案。

建议的团队行动（讨论）如下。

☐ 帮助没有足够工作动力的团队成员提高工作投入度。

☐ 指派 _____（提名）制作幻灯片，引导大家进行相关练习。

☐ 其他行动：

_____

行为习惯 7：避免指责与抱怨，让团队中人人尽责的社会场域得以保持。

建议的团队行动（讨论）如下。

☐ 拒绝加入"受害者俱乐部"，并且帮助他人走出指责状态。

☐ 指派 ＿＿＿＿＿＿＿＿＿＿（提名）制作幻灯片，引导大家进行相关练习。

☐ 其他行动：

_____

行为习惯 8：厘清角色、责任和权力，让团队的高工作效率得以保持。

建议的团队行动（讨论）如下。

☐ 组织厘清角色、责任、权力会议，会议中，每个人都说一说对××结果担当××责任。

☐ 指派 ＿＿＿＿＿＿＿＿＿＿（提名）制作幻灯片，完善 CSW 中的内容。

☐ 其他行动：

_____

三、明确团队的优势

_____

_____

四、明确团队的不足

_____

_____

五、明确团队的困境

_____

六、重要决定

1. 为了团队的持续成长，下一次进行 TDA 测评的时间为 _____（日期，从现在起的 6 个月内）。

2. 工作坊需求如下。

☐ 3 天工作坊

☐ 2 天工作坊

☐ 1 天工作坊

☐ 单个行为模块工作坊

☐ 不需要工作坊

背景转变工作表（CSW）

回答以下问题，让自己和他人从情感上、理智上都变为正能量的、有力量解决问题的人。

1. 直面困境：我目前最需要面对的困境是什么？

_____

_____

2. 拥抱希望：困境中的问题解决后，我想要的结果是什么？

_____

_____

3. 当我想到并面对困境时，我感受/体验到的情绪是什么？

_____

_____

4. 是什么想法让我对目标困境表现出上述负面/负能量的情绪？

_____

_____

5. 为了得到我想要的结果，我用了什么样的绿色思维及其表达来替换红色思维及其表达？

_____

_____

6. 新的赋能思维及其表达带给我的情绪是什么？

_____

7. 及时表达真诚的欣赏与感激的行为。

（1）为解决困境并得到我想要的结果，即使在困境中，我也及时地表达了真诚的欣赏与感激吗？

对 _____ 及时地表达了真诚的欣赏与感激，因为 _____。

对 _____ 及时地表达了真诚的欣赏与感激，因为 _____。

对 _____ 及时地表达了真诚的欣赏与感激，因为 _____。

对 _____ 及时地表达了真诚的欣赏与感激，因为 _____。

……

（2）我需要用邮件、微信、短信、信函等书面形式及时表达真诚的欣赏与感激的是 _____。

通用的开头和结尾如下。

我停下匆匆的脚步，回想让自己生命丰盛的贵人。你全心投入自己的角色，为我树立了榜样。我经常想起你，但我意识到这样还不够，我需要表达出自己对你的欣赏与感激之情。

所以，_____，我希望在此表达我深深的欣赏与感激，因为你 _____。

8. 关注共同利益的行为。

为了解决困境并得到我想要的结果，明确我们的共同利益。

（1）明确相关对象：_____。

（2）明确共同利益：_____。

（3）请对方列出他认为的共同利益：_____。

（4）达成协议：_____。

9. 适度包融他人的行为。

（1）为了解决困境并得到我想要的结果，我存在哪些包融不足的问题，需要采取补救措施？

_____

_____

（2）为了解决困境并得到我想要的结果，我存在哪些过度包融的问题，需要采取补救措施？

_____

_____

10. 信守所有协议的行为。

（1）为了解决困境并得到我想要的结果，我做过哪些没有信守协议的事情？

_____

_____

（2）对于这些被打破的协议，我会用"五步法"来处理，回归诚信。

①讲述（难以启齿的）事实："我违反了和你的协议。"

②讲述所发生的事：_____。

③告诉对方未来打算怎么规避类似情况的出现：_____。

④表达歉意：_____。

⑤与对方确认："这样可以吗？"

（3）为了解决困境并得到我想要的结果，我现在需要信守的协议有哪些？

_____

_____

11. 直面现实的乐观的行为。

为了解决困境并得到我想要的结果，我必须承认一个不如意的现实：_____
_____。

我要得到的结果：_____
_____

12. 100% 投入的行为。

_____
_____

13. 避免指责与抱怨的行为。

为了解决困境并得到我想要的结果，我是否有不利于自己采取行动、实现目标的情绪状态？

（1）作为受害者的相关情况。

我的抱怨：_____
_____。

我需要应用 4-D 系统让自己走出受害者状态：_____
_____。

（2）作为指责者的相关情况。

我指责了 _____。

我进行指责的原因：_____
_____。

我在解决困境过程中的角色：_____
_____。

14. 厘清角色、责任和权力的行为。

_____

_____

15. 综合以上分析,为了解决困境并得到我想要的结果,我应该采取的行动举措可总结如下。

(1) _____。

截止期:_____。

(2) _____。

截止期:_____。

(3) _____。

截止期:_____。

(4) _____。

截止期:_____。

为了确保解决困境并得到我想要的结果,能帮我切实执行行动计划的"问责伙伴"是_____。

我们的"跟踪"计划:_____
_____。

我的签字:

我的问责伙伴的签字:

年　　　月　　　日

附录 9

4-D 系统基础知识试题

4-D 系统基础知识试题

一、单选题

1. 良性的人际互动需要我们养成按满足人类的最基本需求/天性的 4-D 系统核心流程处理事情的习惯，这个 4-D 系统核心流程是（　　）。

A. 蓝（展望）、绿（培养）、黄（包融）、橙（指导）。

B. 绿（培养）、蓝（展望）、黄（包融）、橙（指导）。

C. 黄（包融）、蓝（展望）、绿（培养）、橙（指导）。

D. 绿（培养）、黄（包融）、蓝（展望）、橙（指导）。

2. 4-D 系统倡导的良好行为习惯共有（　　）个。

A. 4

B. 8

C. 12

D. 16

3. 4-D 系统的创始人是（　　）。

A. 斯蒂芬·科维

B. 彼得·圣吉

C. 约翰·科特

D. 查理·佩勒林

4. 根据 4-D 系统 8 个行为习惯修炼的核心流程，行为 B 导致结果 R，那么，导致行为 B 的是（　　）。

A. 关注点 + 心态

B. 动机

C. 关注点

D. 心态

5. 4-D 系统是架构在（　　）基础上的。

A. 天性

B. 第五力

C. 社会场域

D. 社会场域 / 第五力 / 团队文化

E. 团队文化

6. 在 4-D 系统中，人类的最基本需求 / 天性是（　　）。

A. 生存

B. 社交

C. 感受到被真诚欣赏与感激

D. 适度包融他人

7. 通常，项目管理主要基于对以下 3 个要素进行风险管理，为了更加简便地分析与决策，（　　）可以省去。

A. 成本

B. 业绩

C. 时间进度

8. （　　）行为与天性的组合是正确的。

A. 避免指责与抱怨——培养型

B. 关注共同利益——展望型

C. 信守所有协议——指导型

D. 100%投入——包融型

E. 及时表达真诚的欣赏与感激——黄色天性

F. 适度包融他人——绿色天性

G. 厘清角色、责任与权力——橙色天性

H. 直面现实的乐观——绿色天性

9. 第五力，指的是相对于自然界中存在的4种自然力量，在人类社会中存在的（　　）。

A. 人际互动模式

B. 由人际互动模式影响形成的，决定组织中人的思维和行为及其结果的无形的、人为的力量

C. 人的性格

D. 人的天性

10. 在与他人沟通，或者期待、请求他人采取行动时，4-D系统认为高效的沟通流程是（　　）。

A. 展望——行动——包融——感激

B. 行动——包融——感激——展望

C. 包融——展望——欣赏——感激

D. 培育——包融——展望——行动

11. 如果把社会场域／第五力比作一种病症，把4-D系统的8个行为习惯比喻为治疗用的针剂，那么，查理博士在4-D系统中始终在用的"注射器"是（　　）。

A. CSW

B. AMBR

C. ORID

12. 4-D系统是（　　）。

A. 管理团队的工具

B. 通过改变团队中的人，助力改善团队的社会场域的工具

C. 改变员工的工具

13. 展望型的人容易表现出的特质是（　　）。

A. 爱抱怨、自以为是、有理想、好奇心强

B. 有创意、有远见、好争论、不服管

C. 友善、负责任、情绪化、爱管控

D. 太顺从、没立场、善包融、有同情心

14. 下列场景中，符合4-D系统道歉流程的是（　　）。

A. 抱歉，我迟到了，下次一定注意！

B. 哎呀，我迟到了。路上遇到堵车，下次坐地铁来，避免迟到。实在抱歉，你看这样可以吗？

C. 路上太堵了，早知道就坐地铁了。这一路，连早饭都没来得及吃，包子还是热的，给你一个？

D. 什么？还有比我晚的？他们是怎么回事，迟到这么久……

15. 4-D 系统将态度（心态）分解为（　　）。

A. 故事情节与情绪

B. 喜悦、愤怒、悲哀、恐惧、爱

C. 绿色思维及其表达与红色思维及其表达

D. 关注点与行为

二、多选题

1. 人类的最基本需求/天性指的是（　　）。

A. 绿色"培养型"（我们都需要感受到欣赏和感激）

B. 黄色"包融型"（我们都需要感受到归属感）

C. 蓝色"掌控型"（我们都需要掌控外在的一切）

D. 蓝色"展望型"（我们都需要有充满希望的未来）

E. 橙色"指导型"（我们都需要具有适度回应的能力）

2. 人有天性与性格，（　　）也有性格。

A. 领导

B. 工作

C. 项目

D. 团队

3. 人们经常经历却不容易觉察的戏剧化状态有（　　）。

A. 理智

B. 冷静

C. 拯救

D. 指责

E. 愤怒

F. 受害

4. 人际互动与沟通必须遵循的重要原则是（　　）。

A. 不要搞权力斗争，没有权力更不要斗争

B. 先人后己

C. 先人后事

D. 先处理心态，再处理事情

E. 改变从自己开始

5. 下面对红色故事情节与绿色故事情节描述不正确的是（　　）。

A. 绿色故事情节就是绿色培养维度——及时表达真诚的欣赏与感激

B. 红色故事情节就是指责与抱怨

C. 在特定情境中，能促使对方向目标行动的是绿色故事情节

D. 猜测对方的动机，往往是红色故事情节

6. 4-D 系统中 4 种天性的划分主要根据（　　）组合而成。

A. 内向与外向

B. 收集信息与进行决策

C. 抽象与具象

D. 情感与逻辑

E. 直觉与感觉

7. 4-D 系统的组成部分有（　　）。

A. *How NASA Builds Teams* 原著及其 PPT

B. TDA 测评

C. 4-D 工作坊

D. IDA 测评

E. 4-D 导师/教练

F. CSW

G. AMBR

8. 了解 4-D 体系中的天性的特点有（　　）好处。

A. 选择一份最能令你脱颖而出的工作

B. 读懂他人，进行有效的交流，并满足他们对赏识的需求

C. 优化团队，让团队成员匹配任务、匹配公司/项目的发展程度，并在竞争中匹配客户

答案

一、单选题

1. D 2. B 3. D 4. A 5. D
6. C 7. C 8. G 9. B 10. D
11. B 12. B 13. B 14. B 15. C

二、多选题

1. ABDE 2. BCD 3. ABDF 4. ABCDE
5. ABD 6. DE 7. ABCDEFG 8. ABC